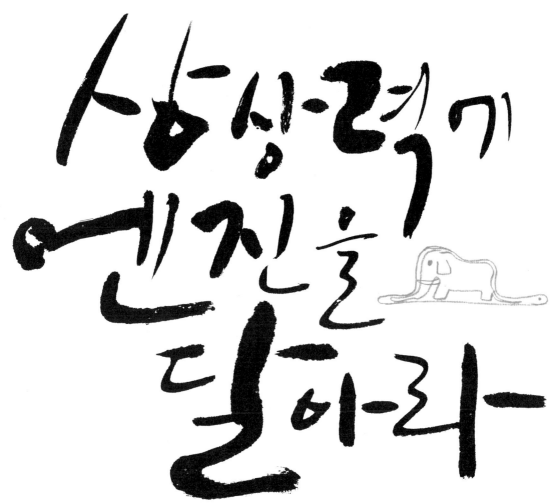

상상력에 엔진을 달아라

임헌우 지음

나남
nanam

상상력 공장장 _ 임 헌 우

디자인학박사, 디자이너이자 교육자, 북아티스트.
(주)와이낫커뮤니케이츠의 크리에이티브 디렉터를 거쳐
지금은 계명대학교 시각디자인과 전임교수로 재직하고 있다.
아트북프로젝트닷컴을 설립하여 다수의 워크숍을 진행하였고,
아이디어와 상상력이 미래를 여는 오프너라는 생각으로
아이디어오프너(www.ideaopener.com)란 사이트를 준비하고 있다.
많은 기업체와 단체에서 상상력을 주제로 여러 차례 특강을 가졌고,
삼성, LS전선, 한국수력원자력주식회사, 금호아시아나 등
기업체의 온오프라인 사보와 〈작은숲〉, 〈행복한 동행〉 등의
월간지에 상상력을 주제로 한 글을 기고했다.
저서로는 《새로운 편집디자인》(공저), 《디자인방법론》(공편역),
《멋지게 실수하라》(번역 및 디자인), 《인문학콘서트 2》(공저),
그리고 최근 7년 만의 신작 《스티브를 버리세요》를 펴냈다.

나남신서 · 1198

상상력에 엔진을 달아라

2007년 3월 20일 발행 • 2007년 5월 18일 2쇄 • 2007년 6월 20일 3쇄 • 2007년 8월 5일 4쇄
2007년 9월 15일 5쇄 • 2007년 11월 20일 6쇄 • 2008년 1월 20일 7쇄 • 2008년 3월 5일 8쇄
2008년 5월 5일 9쇄 • 2008년 8월 5일 10쇄 • 2008년 12월 10일 11쇄 • 2009년 2월 15일 12쇄
2009년 5월 5일 13쇄 • 2009년 8월 15일 14쇄 • 2009년 12월 15일 15쇄 • 2010년 2월 10일 16쇄
2010년 8월 5일 17쇄 • 2011년 5월 15일 18쇄 • 2012년 6월 20일 19쇄 • 2013년 7월 15일 20쇄
2015년 1월 20일 21쇄

저자 • 임헌우
발행자 • 趙相浩
본문디자인 • 임헌우 · 한인선
표지 캘리그래피 • 박병철
포토콜라주 및 일러스트레이션 • 임헌우
문구 용품 협찬 • 레드클라우디 (02 518 0738)

발행처 • (주) 나남
주소 • 413-120 경기도 파주시 회동길 193
전화 • 031)955-4601(代) 팩스 • 031)955-4555
등록 • 제1-71호(1979. 5. 12)
홈페이지 • www.nanam.net
전자우편 • post@nanam.net

ISBN 978-89-300-8198-6
ISBN 978-89-300-8001-9(세트)
책값은 뒤표지에 있습니다.

임헌우 지음

당신의
잠재력을
열어 줄
'캔오프너'

나남
nanam

진정한 시각 장애인은
시력이 없는 사람이 아니라,
비전이 없는 사람이다

_ 헬렌 켈러(Helen Adams Keller)

헬렌 켈러는 얘기합니다. 계속해서 위험을 회피하는 것은 위험보다 더 위험하다고, 용기와 모험심이 없다면 인생은 아무것도 아니라고,… 고개 숙이지 말라고, 세상을 똑바로, 정면으로 바라보라고… 진정한 시각 장애인은 시력이 없는 사람이 아니라, 비전이 없는 사람이라고…

Thinking is drawing in your head

출발은 단순했습니다.
다른 사람에게 말을 걸거나, 주절주절 얘기하고 싶은 생각도 없었습니다.
그저 제가 제 자신에게 하고 싶었던 이야기들을 써보고 싶었습니다.

저는 디자이너입니다. 1992년 이후로 그래왔고,
지금도, 또한 미래에도 디자이너로 살아갈 것입니다.
'디자인은 작업이기 이전에 하나의 태도다' 라는 말에 열광했습니다.
좋은 디자인을 하기 이전에 '어떻게 하면
좋은 태도를 가질 수 있는 가' 를 고민했고,
제 수업을 듣는 학생들도 그러하길 바랐습니다.

결국, 인생이었습니다.
제가 디자이너로서 느꼈던 점들이나 태도에 관한 생각들,
저를 가슴떨리게 했던 광고 아이디어도,
마지막에는 사람과 희망, 그리고 인생의 문제들로 귀결되었습니다.
결국, 감동이었습니다.
복잡하고 다양한 마케팅의 법칙들,
사람들을 끓게 만드는 열정점,
기표와 기호들로 조합된 커뮤니케이션에서도
최종에는 36.5도의 따뜻함이 남겨져 있었습니다..
결국, 상상력이었습니다.
서로 다른 견해들을 조합시키는 것,
기업이 미래에 걸어야 될 가치들,
초대형 베스트셀러가 되었던 '블루오션전략' 도
바로, 우리들의 상상력에 희망을 걸고 있었습니다.

많은 사람들의 격려와 응원이 있었습니다.
인터넷에서, 어느 회사의 사보에서, 그리고 강의 속에서
참 많은 분들이 과분한 사랑을 주셨습니다.
욕심이 생겼습니다.
아니, 용기를 얻었다는 말이 더 정확한 표현일 것입니다.
책으로 묶는다면, 최소한 재활용 쓰레기로는 분류되지는 않을 거란
뻔뻔한 생각이 들었습니다.

저는 누구에게 상상력을 가르친다는 것은 불가능한 일이라고
생각합니다.
그것은 머리에서 가슴에 이르는
가장 짧고도, 또한 가장 긴 여행일 것이기 때문입니다.
저는 단지, 상상력의 가능성에 대해서 당신과 이야기하고자 합니다.
그것으로 충분합니다. 나머지는, 당신의 몫입니다.

제목을 '상상력에 엔진을 달아라' 로 정했습니다.
하지만, 단지 상상력의 문제로만 접근하지 않았습니다.
어쩌면, 대단하지 않은 인생에 관한 얘기일 수도 있고,
흔한 광고 이야기일 수도 있습니다.
하지만, 적어도 제게는 가슴이 떨렸던 생활의 기록들입니다.

생각은, 상상력은 당신의 머리 속에 그리는 드로잉입니다.
당신이 어떤 그림을 그릴지는 전적으로 당신에게 달렸습니다.

2007, 임헌우 dream

CONTENTS

아직 다른 것은 둘러보지도 못하고 임헌우님의 글만 읽고 있습니다. 중독될 듯합니다. 이 글들을 다 읽고 나면 동기충전, 열심충전이 되겠지요? _ 박재희

임헌우 선생님의 글은 읽을 때마다 느끼는 거지만 가슴 한구석에서 늘 잔잔한 물결이 입니다. 늘 모든 것에 대해 다시 생각하게 해주시네요. 저도 중독될 듯… _ 정지수

어제도 읽고, 퇴근할 때도 읽고, 아침에 출근할 때도 읽으면서 생각을 하게 되었습니다. 얼마나 부딪히면서 살아왔는지… 그리고, 얼만큼을 더 부딪히면서 살아가야 하는지… 삶이 재미있다는 생각이 들더군요. 좋은 하루 보내세요. _ 이정아

눈물이 다 나려네요─ 너무 늦었다거나, 나이가 많다는 것은 중요하지 않다는 말─ 듣고 싶었던 말이에요─ 알면서도 확인하듯이 그렇게 들어두고 싶은 말이었어요─ 늘 감동받고 힘을 얻어가요^^ _ 최이슬

말씀입에는 때 가지 면면이 있다. 희지만 결정에는 용기의 필요할 뿐이다. … 운갖 변명들로 나 자신을 감싸려고 했네요. 그런 행동이 나 자신 스스로를 가두게 된다는 걸 깨닫게 해줍니다. _ 주정미

이 부분을 접하면서 글 쓰시는 분은 광고에서 시작하여 어떻게 우리가 간과해 버릴 수 있는 생각의 고리를 당겨내는지 정말이지 놀랍습니다. _ 정순보

'포기하지 않으면 기회는 온다'던 그 말을 마음으로 믿었고 개울을 견디어 냈습니다. 이제 이 안에 있는 강정으로 펼펄펄뛰! 살아야 하는 계절이 온 것이지요. _ 햄이

멋진 말이네요… 무언가를 시작하기에 앞서 팔이고 있던 침이있는데… 용감히 도전해 봐야겠어요. 제 인생의 또 다른 꽃이 필지도 모르니까요. _ 민들레

어떻게 해야 늘 여기 와서 글을 읽고 난 다음의 마음처럼 살수 있을까요? 항상 감사드립니다 선생님 ^_^ _ 김지은

매일 달려야 하는 트랙을 물끄러미 바라보는 시간이 요새 많아졌습니다. 난 왜 달려야 하나? 뭘 위해 달리나? 그러다 보면 어떻게 달려야겠다는 거보다는 최선을 다해 열심히 달려야겠다는 생각만 남습니다. 결국 나와의 싸움인데, 쉽지가 않습니다. 항상 좋은 글 염치없이 보고 있습니다. 감사합니다. _ 박라연

저는 어떤 용량의 크기의 생각으로 세상을 살고 있는지…
아마도 작은 듯싶네요. 크게 깊게 생각하고 행동하려 마음먹
으며… 한 주를 시작해야겠네요^^ 아자아자~ _홍원연

'고인 물은 반드시 썩게 마련입니다'
_흔한 말인데… 순간 숨이 멎네요… _ 김은정

늘 읽으면서 좋은 글 좋은 사진 좋은 그림 보고 갑니다. 부인
하고 싶었던 저의 짐에 대한 인식을 확 바꿔주신 좋은 말씀
감사합니다. _ 이혜진
감동! 10만마력의 열정 에너지 충전하고 갑니다. _ 한덩이

가슴설레게 하는군요… _ 권유정

좋은 것을 먹을 때는요, 나도 모르게 이겨 먹고
맛을 간직하고 싶어지요, 오래오래 그
껴면에 다 읽기가 아깝네요~ _ 김선화

"잘못 든 길이 지도를 만든다…'
어김없이 오늘도 '용기' 를 주유받고 갑니다~! _ 인수정
생각의 폐활량을 높이기 위해… 이번 주도 힘차게 시작하
렵니다. 좋은 글 고맙습니다 ^_^ _주미정

많은 것을 생각하게 합니다. 제가 항상 곱씹는 말과 느낌이 같
아 좋습니다. 두려워말라 어떤 일도 어떤 사람도… _ 양소혜

너무 좋아서… 기억하기 위해… 가져갑니다. _ 배지희

늘 곁에 살고 싶습니다. 치열함이 없이는 젊음이 아니다!가
슴 깊이 새기겠습니다… _ 이은우
스스로에 대한 감동… 소름-! _ 최민혜

제 꿈의 방향이 어디쯤인지 생각하게 되는 기회가 되었네요.
너무나 감동스럽습니다. 꿈은 시작과 친하다… _제갈현

I can… 좋은 내용들이 많네요~ 하루에 하나만 읽어도 가슴 뿌듯
할 것 같고 용기백배할 것 같은… _ 정수정

내일의 해가 뜰가요? 참으로 많은 도움이 되네요. 감사 _ 박준상

미래의 문맹자는
글을 읽지 못하는 사람이 아니라,
이미지를 모르는 사람이 될 것이다.

라즐로 모홀리나기 (Laszlo Moholy-Nagy)

Laszlo
Moholy
-Nagy
1895-1946

文盲者

문맹인 사람,
곧 글을 모르는 사람

앞으로의 문맹자는
글을 읽지 못하는 사람이나
이미지를 모르는 사람이 아니라,
상상할 줄 모르는 사람이
문맹자이다.

미래의 문맹자는
글을 읽지 못하는 사람이
아니라, 이미지를 모르는
사람이 될 것이다.

_ 라즐로 모홀리나기(Laszlo Moholy-Nagy), 1928년 〈바우하우스 저널〉

앞으로의 문맹자는

이미지를 이해하지 못하는 사람이 아니라, 상상할 줄 모르는 사람이 될 것

입니다. 〈이상한 나라의 앨리스〉부터 〈해리포터〉, 〈나니아 연대기〉에 이

르기까지 상상력의 힘이 없었다면 태어나지 못했을 것이란 생각입니다.

최근에 온라인상에서 많은 사람에게 인기를 얻고 있는 UCC(User

Created Contents, 사용자 창작 콘텐츠)라는 것도 당신의 상상력에 절대적

으로 의존하고 있습니다. 따라서 상상력 리터러시(Literacy), 즉 상상한

것을 '읽고 쓰는 능력'의 관점에서 개개인의 능력이 평가되는 세상이기

도 합니다.

15

저는... 제 자신을
'선생'이 아니라 단지
학생들의 잠재력을 열어주는
'캔 오프너'라고 생각합니다.
— 알렉세이 브로도비치 —

Alexey
Brodo
-vitch

상상력은
당신의 가능성과 잠재력을
열어주는 '캔 오프너'가
될 것입니다. → CAN OPENER

← '캔오프너' 캐릭터입니다.
머리가 '오프너' 형태 입니다.

알렉세이 브로도비치(Alexey Brodovitch)가 이런 말을 했습니다.

"저는… 제 자신을 '선생'이 아니라 단지 학생들의 잠재력을 열어주는 '캔 오프너(can opener)' 라고 생각합니다."

이 책의 역할도 그러하다고 생각합니다.

이 책은 직접적으로 당신에게 상상력과 아이디어를 제공해 주지는 못합니다. 하지만, 당신의 가능성과 잠재력, 그리고 상상력을 열어주는 오프너가 될 것입니다. 이 책을 읽기 전에 당신에게 필요한 준비물이 있습니다.

그것은 바로 '열릴 수 있는 마음과 태도' 입니다.

아는 것이 적으면 사랑하는 것도 적다.

_ 레오나르도 다빈치(Leonardo da Vinci)

호기심, 실험정신
감각
불확실성에 대한 포용력
예술+과학
연결 관계, 육체적 성질

Leonardo da Vinci

아는 것이 적으면
사랑하는 것도 적다

_ 레오나르도 다빈치(Leonardo da Vinch)

레오나르도 다빈치.

그는 화가였습니다. 우리에게 너무나 익숙한 〈최후의 만찬〉과 〈모나리자〉와 같은 명작을 남기면서 예술의 황금시대를 주도했습니다. 스푸마토(Sfumato)라고 불리는 대기원근법도 그에 이르러서 정의되었습니다. 그는 건축가였습니다. 그는 건축에 대한 폭넓은 이해를 바탕으로 건축론을 집대성하기도 했습니다. 그는 조각가였습니다. 〈프란체스코 기마상〉의 모델을 만들어 냈습니다. 그는 과학자였습니다. 수학, 물리학, 천문학, 지리학, 토목학, 식물학 등을 연구했습니다. 그는 발명가였습니다. 그는 첫 민간 군사기술자로 각종 기계나 장치를 고안했습니다. 그는 철학자였습니다. '예술과 인생'에 대한 많은 수기를 남겼습니다. 그는 해부학과 생리학에 정통했습니다. 그의 인체해부 묘사는 의학 발전에 많은 영향력을 행사하기도 했습니다. 그를 한마디로 규정한다는 것은 불가능합니다. 많은 사람들이 그를 일컬어 '전인(全人)'이라는 의미의 '워모 우니베르살레(L'uomo universale)의 전형'이라고 얘기합니다.

무엇보다도 그는 상상력이 탁월한 사람이었습니다.

그는 하늘을 나는 꿈을 실현하고자 했습니다. 〈오르니톱터〉, 〈공중나사〉를 비롯한 많은 비행기구의 설계가 그에 의해 처음으로 정교하게 시도되었습니다. 단지, 하늘을 나는 기구는 '악마의 기계'로 불려, 아쉽게도 설계로만 끝나게 되었다고 합니다. 만약, 그의 수많은 아이디어 스케치가 실제로 제작되었다면, 하늘을 날고 싶은 인간의 욕망은 훨씬 빨리 이루어졌으리라 생각합니다.

그는 '아는 것이 적으면 사랑하는 것도 적다'라고 말했습니다. 단적이나마 그의 생각하는 관점을 엿볼 수 있는 대목입니다. 우리는 여기에서 천재로서의 다빈치가 아니라 범인의 한 사람으로서의 그의 태도를 발견할 수 있습니다. 그의 수많은 학문에 대한 애정과 관심은 결국, 자신이 하고 있는, 혹은 하고 싶은 일에 대한 끊임없는 사랑의 결과라는 얘기가 성립됩니다. 마이클 J. 겔브(Michael J. Gelb)의 저서 《레오나르도 다빈치처럼 생각하기》(How to think like Leonardo da Vinci)라는 책을 보면 '다빈치의 7가지 원칙(천재의 7가지 필수요소들)'을 소개하고 있습니다. 그 중에서 호기심과 실험정신, 불확실성에 대한 포용력, 그리고 연결관계 등의 요소들이 특히 마음에 와 닿았습니다.

삶과 사물에 대한 지칠 줄 모르는 관심과 배움, 그리고 가차없는 질문들은 끊임없는 호기심에서 출발합니다. 호기심은 새로운 것이나 모르는 것을 알고 싶어하는 마음으로, 이것은 사람들에게 아이디어의 단서를 제공해 줍니다. 심지어 '호기심이 없으면 죽은 것이나 마찬가지다.'라는 말이 있을 정도로 호기심은 상상력에 지대한 역할을 행사합니다.

기존의 지식을 의심해 보는 용기와 의지는 실험정신에서 나옵니다. 경험을 통해, 혹은 습관적으로 믿어온 지식을 별다른 저항없이 받아들이는 것을 우리는 '상식'으로 치부해버리고 맙니다. 하지만 불가능을 가능하게 했던 많은 일들은 바로 이러한 '상식'에 대한 문제제기에서 시작되었습니다. 물론 이러한 문제제기는 필연적으로 실수를 동반할 수 있습니다. 그러나 실험정신을 가진 사람은 실수를 두려워하지 않습니다. 오히려 실수를 통해 배웁니다. 다빈치의 수많은 습작노트도 이러한 실수와 실험정신을 통해 다듬어진 고뇌의 기록들입니다.

그는 불확실한 것들과 모호함에 관한 것들도 부정하지 않았습니다. 오히려 그러한 것들을 수용하려는 적극적인 태도를 가지고 있었습니다. 단적으로 모나리자에 사용된 스푸마토 기법은 그의 이러한 태도를 반영한 작업이라고 합니다. 그는 명확하지 않은 윤곽선을 사용하여 부드러움을 표현했습니다. 색채나 명암은 공기와 광선의 변화에 따라 달라 보입니다. 당연히 멀리 보이는 대상은 색채나 명암이 약해지게 되고, 다빈치는 이러한 것으로 거리감을 나타내고자 했습니다.

마지막으로 저는 다빈치의 상상력 중에서 가장 인상 깊었던 것이 주변의 사물과 현상들 사이의 연관성을 발견하려는 그의 시스템적인 사고였습니다. 좋은 아이디어는 기존의 연결고리로는 생각하기 어려웠던 것들을 연관시켜 보는 것으로부터 출발합니다. 최근 기업들은 일부 학자들과 함께 '통섭(統攝)'에 관심을 두기 시작했다고 합니다. '통섭(Consilience)'이라는 것은 다양한 분야의 학문에서 그것들의 공통점들을 발견하고, 연결시켜 보는 것이라 생각할 수 있습니다. 과거의 지식이 분야별로 영역화되고 전문화되었다면, 이러한 지식들 사이의 경계를 허물어보고, 거기서 새로운 아이디어나 개념을 찾아가는 것이 기업이 '통섭'을 필요로 하는 이유라 판단됩니다. 다빈치는 비록 '통섭'이라는 용어를 몰랐지만, 그 개념을 알고 실천했던 것 같습니다.

아는 것이 힘이라고 했습니다. 아는 만큼 보인다고 했습니다. 우리의 가슴을 서늘하게 하는 말들입니다. 정말 내가 몰라서 힘이 없고, 내가 몰라서 보이지 않는다고 생각하면, 왠지 서글퍼집니다. '아는 것이 적으면 사랑하는 것이 적다'라는 레오나르도 다빈치의 말은 그래서 더 가슴에 사무칩니다. 내가 '사랑하는 것이 적다면, 아는 것이 적다'라는 반대 해석이 가능하기 때문입니다.

아는 것, 보이는 것, 사랑하는 것, 힘....
21세기는 분명 지식기반 사회입니다.
이전 시대가 T자형 인재의 시대였다면, 지금은 파이(Π)자 형 인재의 시대라고 합니다. T자를 보면 가로획에 세로획이 한 줄 내려와 있습니다. 즉, 한 분야의 전문가만 되어도 먹고 살 만한 시대였습니다. 하지만 지금의 Π자형 인재는 최소한 두 개 분야 이상에서 전문가 수준의 실력을 요구하고 있는 것입니다. Π자의 두 개의 세로 획 중 하나는 자신이 하고 있는 분야의 전문가적 지식을 가리킵니다. 나머지 하나는 다른 분야에 관한 전문가급 관심과 실력입니다. 그 나머지 하나는 영어가 될 수도 있고, 컴퓨터 실력이 될 수도 있습니다. 이 속도라면 조만간 문어발형 인재의 시대가 오지 않으리란 법이 없습니다.
자신이 하는 일에 관련된 지식을 넓히고, 자신이 하는 일을 사랑하는 것...
그것은 끝없는 호기심과 실험정신으로 열려진 가능성을 탐색하는 일일 것입니다. 기존의 연결고리에서 벗어나, 새로운 관계를 발견해 내는 것입니다. 이것이 곧, 아는 것이 되고, 사랑하는 것이 되고, Π자형 인재를 만들어가는 동력이 될 것입니다.
어쩌면, 이 시대가 필요로 하는 것은 영웅이 아니라, 다빈치 같은 상상력의 소유자일 것입니다.

이 책은 다음 성분을 포함합니다.

상상력 : 15%
에너지 : 15%
꿈 : 15%
용기 : 15%

그리고 나머지 40%는 이 책을 읽고 있는 당신의 땀과 열정을 위해 남

겨놓습니다. 당신 속에는 상상력이란 거인이 살고 있습니다. 이 책은

당신이 사용하기에 따라서 그 거인을 만날 수 있는 알라딘의 요술램프

로 변할 것입니다.

피그말리온이 그랬던 것처럼 당신이 간절히 원하면, 모든 것이 당신 생

각하는 그대로 이루어질 것을 믿습니다. 이 책의 열정과 당신의 땀이

만날 때 이 책은 비로소 완성됩니다.

경고_
이 책을 처음부터 끝까지 한 번에 읽는 것은
비타민을 한꺼번에 많은 양을 복용하는 것과 같습니다.
곁에 두고 천천히 내용을 씹어 먹으면서 읽어나가시길 권장합니다.

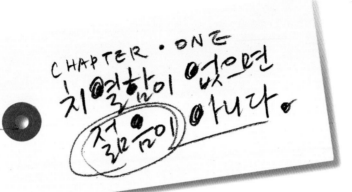

CHAPTER · ONE
치열함이 없으면
젊음이 아니다

01 치열함이 없으면 젊음이 아니다 **025**

당신에게
이 점은 무엇으로
보입니까?

점

누구에게는 마릴린 먼로(Marilyn Monroe)의 ●으로 보일 것입니다.

탁구선수에게는 탁구공으로 보이기도 하고, 양궁선수에게는 과녁의 중심으로 보일 것이며, 바둑을 좋아하는 사람에게는 검은 바둑알로 보일 것입니다.

사랑하고 있는 사람에게는 연인의 눈동자이고, 천문학자에게는 몇만 광년 떨어진 곳에서 빛나는 별이 됩니다. 개미에게는 개미굴의 출입구로 보일 것이며, 시지프스에게는 평생을 굴려야할 바위로 보일 것입니다.

이 ●은 운동합니다. 공간에서 공간으로, 시간에서 시간으로…

축구공처럼 굴러다니기도 하고, 마침표처럼 중단을 의미하기도 합니다.

분열을 일으키기도 하고, 긴장을 불러일으킵니다.

때로는 우리의 마음에서 마음으로 움직이기도 하고, 물수제비처럼, 스치듯이 튕겨나가기도 합니다. 충격을 탄력있게 반사하는 당구공이 되기도 하고, 먼지가 되어 공간을 부유하기도 합니다. 이 ●은 내적인 울림을 갖기도 하고, 때로는 공명을 일으킵니다.

하늘로 던져진 공처럼 ● ●… 더 작아졌다가, 굴러가면서 몸집을 키워가는 눈덩이처럼 ● ●… 더 커지기도 합니다. 아주 작은 ●으로도, 아주 큰 원으로도 존재하기도 합니다.

● 은 침묵합니다. 이 ●은 지구이기도 하고, 또한 우주도 될 수 있습니다.

당신이 단순하게 하나의 ●으로 취급하는 순간부터 이 ●은 더 이상 운동하지 않습니다. 이 ●을 계속 움직이게 하려면, 당신의 상상력이 필요합니다. 상상력의 힘은 이 ●의 움직임을 포착해 선으로 만들어 주기도 하고, 당신의 생각보다 훨씬 더 탄력있게 솟아오르기도 합니다. 말똥구리가 굴리는 경단처럼, 우리의 상상 속에서 이 ●은 ● ●… 커져갈 것입니다.

당신에게 이 ●은 무엇으로 보입니까?

당신에게 이 ●은 어디를 향해 움직이고 있습니까?

아직 반이나 남았습니다

물이 반쯤 채워진 유리잔이 있습니다.

이 유리잔은 당신이 바라보는 관점에 따라 다르게 보일 수 있습니다.

당신이 긍정적으로 생각한다면, 이 유리잔의 물은 아직 '반이나 남은 것' 이며, 당신이 부정적으로 바라본다면, 이 유리잔의 물은 겨우 '반밖에 안 남은 것' 이 됩니다.

여러분들이 익히 들어서 너무도 잘 알고계신 내용일지도 모릅니다.

하지만, 내가 들어서 알고 있는 지식과, 내가 그것을 온전히 내 것으로 만드는 지혜사이에는 엄청난 간격이 있습니다.

긍정적인 사람은 컵에 남아 있는 물에 주목합니다. 따라서 남겨진 물을 먼저 생각합니다. 부정적인 사람은 컵의 빈 곳에 주목합니다. 그래서 없어진 물을 먼저 생각합니다.

어떻게 대상을 바라보느냐 하는 것은 전적으로 당신에 달려 있습니다.

긍정의 힘을 믿는다면, 마음 속으로 조용히 외쳐보세요.

우리에겐 아직 물이 '반이나 남았다' 고…

우리에겐 이번 달이 '반이나 남았다' 고…

우리에겐 오늘이 '반이나 남았다' 고…

우리에겐 아직 희망이 남아 있다고.…

이 책은 아직 상상력의 힘이 더 필요하다고 느끼는 당신을 위해 만들어졌습니다. 아직 꿈이 남아 있다고 생각하는 당신의 젊은 생각을 응원합니다.

Too often we are scared.
Scared of what we might not be able to do.
Scared of what people might think if we tried.
We let our fears stand in the way of our hopes.
We say no when we want to say yes.
We sit quietly when we want to scream.
And we shout with the others,
when we should keep our mouths shut.
Why?
After all,
we do only go around once.
There's really no time to be afraid.
So stop.
Try something you've never tried.
Risk it.
Enter a triathlon.
Write a letter to the editor.
Demand a raise.
Call winners at the toughest court.
Throw away your television.
Bicycle across the United States.
Try bobsledding.
Try anything.
Speak out against the designated hitter.
Travel to a country where you don't speak the language.
Patent something.
Call her.
You have nothing to lose
and everything
everything
everything to gain.
JUST DO IT.

NIKE
AIR

Air Cross Trainer™ Low

Barry Sanders - running b

상상력에
엔진을 달아라

JUST Do It.
Throw Away
Your Television.

001

Just Do It

1991년 집행된 나이키의 광고입니다.

한 편의 광고라 하기엔 에너지가 참 많은 글을 담고 있네요.

혹시, 지금 걱정하시는 일이 있으세요?

그러면 잠시 쉼호흡을 한 번 크게 하고 밑의 글을 읽어보세요

베리 샌더스(Berry Sanders)_ 미식축구선수

너무 쉽게 우린 두려워한다.

어쩌면 우리가 할 수 없을지 모른다는 것을 두려워하고,

사람들이 우리가 노력하고 있다고 생각하는 것을 두려워한다.

우린 우리의 희망 한가운데에 두려움을 가져다 놓는다.

우린 '예' 라고 말하고 싶으면서도 '아니오' 라고 대답한다.

우린 고함치고 싶을때 조용히 앉아 있다.

그리고 우린 침묵을 지켜야 할 때 크게 소리친다.

왜?

결국

우린 단지 한 번 둘러보기만 한다.

두려워할 시간은 정말이지 없다.

그러므로 멈춰라.

네가 결코 시도하지 않았던 일들을 해보라.

그것을 무릅쓰라.

트라이애슬론*을 해보라.

(신문사) 편집자에게 편지를 써라.

임금인상을 요구하라.

거친 경기에서의 승리자를 불러보라.

텔레비전은 던져 버려라.

자전거로 미국횡단을 해보라.

밥 슬레이를 하고

어떤 것이든 한 번 해보라.

지명타자에게 큰소리를 쳐보라.

언어가 통하지 않는 나라로 여행을 떠나라.

무언가 특허를 내라.

그녀에게 전화를 해라.

당신이 잃어버릴 것은 아무것도 없으며,

모든 것을 얻게 된다.

Just Do It.

텔레비전을 잠시라도 꺼보세요.

미국을 못가면 우리나라라도 횡단해 보세요.

그동안 해보지 않았던 일들을 시도해 보세요.

그녀에게 전화하세요.

그녀도 당신의 전화를 기다릴 테니…

세상에 우연히 일어나는 일은

아무것도 없답니다.

Just Do It.

*트라이애슬론
3종경기_
수영, 자전거, 마라톤

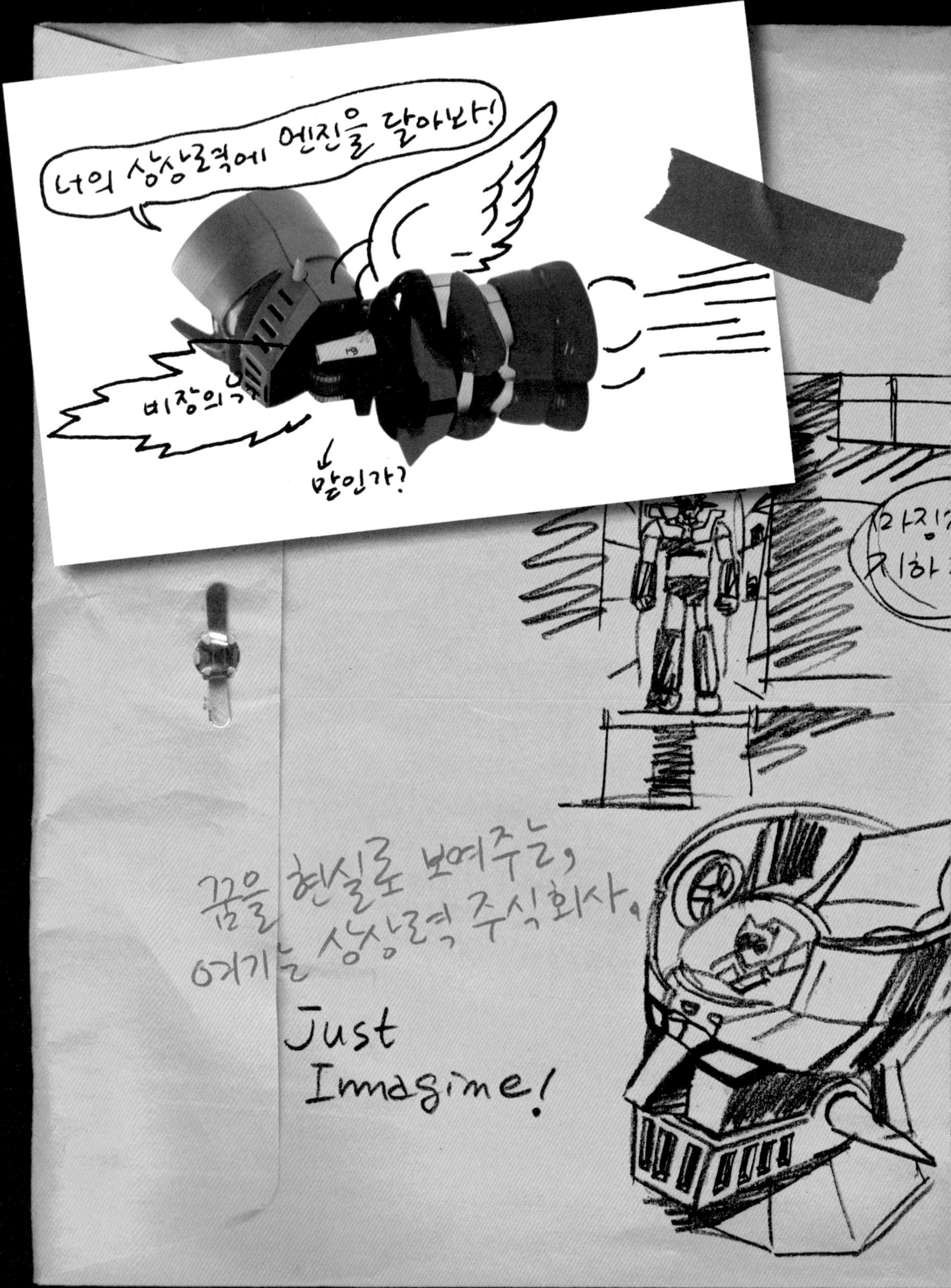
너의 상상력에 엔진을 달아봐!
비장의
말인가?
꿈을 현실로 보여주는,
여기는 상상력 주식회사.
Just
Imagine!

꿈을 현실로 보여주는, 여기는 상상력 주식회사

그때는 마징가Z(MazingerZ)가 일본 애니메이션인 줄 몰랐습니다. 마징가Z를 조종하는 쇠돌이란 순박한 한국식 이름에서 너무나 친숙함을 느꼈기 때문일 것입니다. 소년시절 제 기억의 중심에는 언제나 마징가Z가 있습니다. 밖에서 정신없이 놀다가도 마징가Z 방영시간이 되면 어김없이 뛰어들어와서 TV채널을 돌리던 기억이 아직도 생생합니다. 요즘의 컴퓨터그래픽으로 정교하게 다듬어진 애니메이션에 비한다면, 화질과 스토리가 비교적 단순하지만, 당시 소년의 가슴을 뛰게 하기에 마징가Z는 충분한 존재감을 갖고 있었습니다. 그때는 아무 종이나 보면 닥치는 대로 마징가Z를 열심히 그렸습니다. 앞으로 전개될 스토리도 구상해 보았고, 나름대로의 마징가Z의 설계도면까지 상상해서 그렸던 기억이 납니다. 아직까지도 마징가Z의 전신은 물론 옆면과 뒷면까지 보지 않고도 그릴 수 있을 정도로, 이 슈퍼 로봇에 대한 저의 애정은 각별했습니다. 아마 최초의 선망 직업으로 로봇 조종사를 꿈꿀 수 있었던 것도 이 마징가Z 때문이었을 것이란 생각입니다. 지금 만화영화를 보기에는 너무 커버린 나이인 것 같지만… 아직도 마징가Z는 단순한 만화영화 이상의 의미를 가지고 있습니다.

얼마전 일본의 종합건설회사인 마에다건설의 판타지 영업부에서 실제로 '마징가Z의 지하기지'를 건설하는 계획을 수립합니다. 건설업에서도 사람들에게 '가슴 뛰는 무언가를 전하고 싶다'라는 생각에서 5명의 멤버로 구성된 판타지 영업부가 극비리에 만들어졌습니다. 실제 만화 속의 장면과 똑같이 재현될 수 있도록, 각계 전문가의 자문을 얻어, 드디어 마징가Z의 격납고 설계를 완성하게 됩니다. 처음에는 어이없는 시선을 보내던 주변의 기술자들도 이들의 계획의도를 알아가면서 적극적인 조언과 도움을 아끼지 않았습니다. 땅을 팔 수 있는 굴착기계의 선택에서부터 300톤의 수압을 견딜 수 있는 수조와 수조바닥의 격납고 개폐장치에 대한 그들의 고심은 이 프로젝트가 허황된 공상이 아니라 실현가능한 과학이었음을 잘 보여주고 있습니다. 철저한 비디오 분석을 토대로 만들어진, 어쩌면 다소 무모해 보이는 이들의 프로젝트는 꿈을 그냥 꿈으로 치부해 버리는 많은 사람들에게 신선한 충격을 안겨주었습니다. 이 프로젝트의 결과물로 서점에 나온 《마징가Z 지하기지를 건설하라!》는 책을 보면서, 이들의 '꿈을 실현해가는 진지함'을 느낄 수 있었습니다. 누구도 생각하지 못했던 것들을 계획하면서 마에다건설은 엄청난 기업 이미지 상승효과를 거둘 수 있었습니다.

'마징가Z의 격납고'를 설계한다는 소식이 세상에 알려지면서 한 달에 한 차례 업데이트 되는 이 기업의 홈페이지에는 동시에 수많은 접속자가 몰려들기도 했습니다. 가슴 뛰게 했던 소년 시절의 꿈이, 그 찬란했던 만화의 세계가 마에다건설의 상상력에 의해 현실에서 이루어진 것입니다(물론 아직까지 설계 프로젝트에 지나지않지만). 이들이 설계한 것은 단순하게 예산 720억 원 그리고 건설기간 6년 5개월(단, 적의 습격이 없을시)이 소요되는 마징가Z의 격납고가 아니라는 생각입니다. 그들이 설계한 것은 바로 '잃어버린 우리들의 꿈'이라고 생각합니다. 동시에 이 프로젝트는 그러한 꿈을 설계하는 과정이었던 것입니다.

〈요미우리 신문〉은 마에다건설 판타지영업부를 가리켜, 추억 속 명작 애니메이션들의 공상세계 건조물들을 현실세계에서 재현하려 하는 '꿈의 청부인 집단'이라고 극찬했습니다. 무모한 꿈일지라도 도전해 볼 수 있는 용기. 이러한 용기에서부터 불가능이 가능으로 바뀌기 시작합니다.

우린 가끔 가다 농담을 섞어서 이런 상상을 해보곤합니다. 여의도 근처(63빌딩)에 혹시 이 슈퍼 로봇의 격납고가 있는 것은 아닌지… 어쩌면 한강물을 가르면서 마징가Z나 태권V가 솟아오르지 않을지… 꿈은 우리의 상상력에 달려 있습니다. 당신의 상상력이라면, 이 모든 것이 어느날 만화 속에서가 아니라 현실 속에서 가능해질 수 있을 것입니다. 실제 마징가Z가 우리 앞에서 로켓 주먹을 보여줄 날이 올지… 모를 일입니다.

Just Imagine!

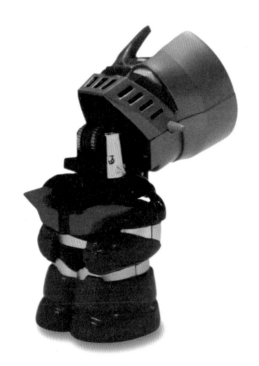

P.S_제가 일본에 갔을 때 어느 상점에서 재미삼아 구입한 마징가Z 라이터입니다. 비례로 보아서는 아직 성장기에 있는 듯하지만, 고개를 뒤로 젖히면 라이터가 나옵니다. 아마 이 마징가Z라이터는 나이가 최소한 19세 이상인 듯합니다. 제가 글을 블로그처럼 올리는 아트북프로젝트 사이트(www.artbookproject.com)에 이 마징가Z 라이터를 등장시켜서 글을 쓰기 시작했습니다. 마징가Z가 아니라 '맏인가?' 로… 이 책을 보시면 다소 불량스러워 보이는 이 '맏인가?' 가 등장합니다. 발음상 마징가와 유사하다는 점 이외에도 우리 상상력의 '맏' 으로 어떤 역할을 부여해 보자는 나름대로의 생각으로 붙인 이름입니다. 이 책에서 '맏인가?' 가 여러분의 상상력 엔진을 달아드리는 1급 정비사의 역할을 담당합니다. 앞으로 잘 부탁드립니다.

치열함이
없이는
삶이
아니다—

나의 오늘은
치열한가?

캘리그래피: 박영철

치열함이 없으면 젊음이 아니다

제가 강의를 나가는 대학의 계단 앞에 붙여졌던 배너입니다.

계단을 오르내리면서, 우린 별다른 생각없이 지나쳐갑니다. 그러다 이 글을 보면, 갑자기 찬물로 세수한 듯이 서늘함이 느껴집니다. 나의 오늘은 치열한가?를 반문해 보면, 스스로 부끄러울때가 많습니다. 스스로 마음만은 젊다고 생각했던 자신이 갑자기 나이보다 더 늙어보이는 기분입니다. 젊게 살고픈 바람을, 젊게 보이려는 스타일에서만 찾지 않았나 하는 반성이 듭니다. 20대라고 다 같은 20대가 아닐 것입니다. 24세를 전후로 우리의 몸은 성장을 중단한 채 노후화되어 간다고 합니다. 생각은, 행동은 자라지 않고 나이만 먹는다면 그때부터는 진짜 늙어가는 것이 아닐까요? 얼마전 영국〈파이낸셜타임스〉가 발간하는 FT매거진에서 '전세계에서 가장 영향력있는 인물 25명'을 선정해 발표했습니다.

선정조건은 세계적인 백만장자이면서 사람들의 생활이나 업무, 생각 등에 크게 영향을 미친 인물이었습니다. 여기에 애플의 CEO(최고경영자) 스티브 잡스(Steve Jobs)가 2위에 랭크되어 있습니다. 다소 의외의 결과 같지만, '사람들의 생활이나 생각에 영향을 미친 인물'이라는 선정기준에서 본다면 그다지 놀랄 만한 일이 아니라 생각합니다. 그는 '인크레더블'과 '토이스토리'를 제작한 픽사의 CEO이기도 합니다. 사람들의 마음을 움직이는 매력적인 디자인, 다루기 쉬운 유저 인터페이스, 트렌드를 포착하고 제품에 반영하는 타이밍…

그가 만든 제품과 그가 생각해낸 서비스에 세상은 열광합니다. 요즘 그만큼 스포트라이트를 받는 사람도 드물 것입니다. 〈와이어드〉(WIRED)지 2005년 8월호에 실린 '세계를 바꾼 10년'이라는 특집기사를 살펴보면 2002년 최대 이슈로 윈도즈(Windows) 사용자를 위한 애플의 아이팟(iPOD) 출시를 다루고 있습니다. 결국, 스티브 잡스가 이끄는 애플이 지금의 세계를 바꿔가고 있다는 얘기가 됩니다.

When I was 17, I read a quote that went something like: "If you live each day as if it was your last, someday you'll most certainly be right."

It made an impression on me, and since then, for the past 33 years!, I have looked in the mirror every morning and asked myself : "If today were the last day of my life, would I want to do what I am about to do today?"

2005년 6월 스탠퍼드대학 졸업식에서 스티브 잡스는 축사를 하게 됩니다.
여기서 그가 이야기한 것은 자신의 성공에 관한 것이 아니었습니다.
그가 어떤 태도와 어떤 방식으로 인생을 살아왔는가를 과장없이 보여주는 자리였습니다.
33년 동안 그는 하루 하루를 인생의 마지막 날인 것처럼 살아왔다고 고백했습니다.
그가 서른 살의 나이에 애플에서 쫓겨났을 때도, 그가 설립한 넥스트(NeXT)와 픽사
(Pixar)가 어려움에 빠졌을 때도, 췌장암으로 시한부 인생을 선고받았을 때도, 다시 시작
할 수 있는 용기를 주고, 자신이 사랑하는 일에 자신의 전부를 걸 수 있게 만든 것이 바
로 인생을 대하는 그의 이러한 열렬한 태도가 아닐까 생각합니다.
죽음을 정면으로 마주하고 있다면,
그래서 오늘이 내가 살아가는 마지막 날이라면, 어떠한 생각이 들까요?
아마, 나를 포장했던 자존심, 망설이고 주저하던 계획들, 실패에 대한 앞선 두려움,
이러한 것들은 죽음 앞에서는 의미를 잃겠지요.
껍데기는 사라지고 자신에게 진실로 중요한 것들만 남겠지요.
그러한 중요한 것들로 하루 하루를 채워나간다면…
그러한 치열함이 있다면, 하루를 살아도 후회가 적을 거란 생각입니다.
스티브 잡스는 올해로 51년을 살았습니다.
하지만 여전히 그는 정열이 넘치고, 거침없는 에너지를 소유하고 있습니다.
그는 무엇보다 사람을 끓게 만드는 열정점을 잘 알고 있는 듯합니다.
99도와 100도 차이는 1도에 불과하지만, 이 차이에서 사람들의 마음이 움직입니다.
그는 키노트(keynote:기조연설)에 항상 헐렁한 청바지차림으로 나타납니다.
하지만, 그가 젊어 보이는 이유는 그가 입은 청바지와 그의 짧게 깎은 머리에 있지 않습
니다. 바로 치열하게 살아가는 그의 젊은 마음과 젊은 생각에 있습니다.

치열함이 없으면 젊음이 아닙니다.
오카모토 타로의 '예술은 폭발이다' 라는 말이 생각납니다.
가슴을 타고 흐르는 거침없는 에너지의 분출,
이것이야말로 예술의 본질이라고 그는 얘기합니다.

자신이 좋아하는 일에 스스로의 모든 것을 걸어야 이런 '폭발'이 일어날 것입니다.

그러한 폭발이 바로 치열하게 사는 젊음의 모습이 아닐까요?

가슴에 뜨거운 화산 하나는 품고 살아가야 되는 것이 젊다는 게 아닐까요?

자신의 성장엔진은 머리에 있는 게 아니라 가슴에 존재합니다.

머리에서 가슴으로 흘러가지 못하는 지식은 고인 물과 같다는 생각입니다.

단순한 지식보다는 열정과 에너지, 그리고 전체를 조감할 수 있는 통찰력이 스스로의 성장엔진에 시동을 걸어주는 요소가 될 것입니다.

스티브 잡스가 현재 누리고 있는 인기와 영광, 그리고 지금의 위치…

이런 것들은 그다지 부럽지 않았습니다.

하지만, 그가 스스로를 극복하고, 문제를 해결하고,

수많은 외로움과 싸워 이겨낸 그 치열했던 과정이… 더 부럽습니다.

(물론 그가 만들어낸 iPOD, iPhone 역시 갖고 싶군요.)

당신의 오늘은 치열했습니까?

오늘 하루가 당신에게 주어진 인생의 마지막 날이라면,

당신은 어떤 하루를 보내고 있을까요?

review ┃ 이 글을 읽은 분들이 소감을 달아주신 내용을 발췌했습니다. 감사드립니다.

햄이 _ 서둘러 읽어 내려왔습니다. 언제나 그랬듯이… 다시 읽기 위해 올라갑니다.

최이슬 _ 기다림의 보람을 주시는 감동의 글입니다. 치열하게 사는 삶을 살아가는 용기있는 사람이, 그리고 인생을 즐길 줄 아는 사람이 되어야 겠습니다!

배고픈 채로, 바보 같은 채로

스티브 잡스의 스탠퍼드대학 졸업축사 전문입니다. 그는 여기에서 3가지를 이야기합니다. 인생을 연결하는 점들과 사랑과 상실, 그리고 죽음에 관한 것입니다. 점은 인생의 중요한 순간일 수도 있고, 그 지점에서 한 개인의 고민과 노력의 흔적일 수도 있습니다. 결국, 우리 눈에는 보이지 않지만 이러한 점들이 과거로부터 현재, 그리고 미래로 연결된다는 것을 잊지 말라고 스티브 잡스는 충고합니다. 그리고 이러한 점들을 연결하는 과정에서 사랑과 상실이 찾아올 수 있습니다. 사랑의 대상은 사람일 수도 있고 자신의 일일 수도 있습니다. 자신의 일을 사랑하다가 간혹 우리는 상실을 경험하기도 합니다. 중요한 것은 상실했다는 사실이 아니라, 상실로부터 우리가 얻는 교훈일 것입니다. 그러한 상실은 다시 일어설 수 있는 용기를 주겠지요.… 그리고 그러한 용기는 다시 현재를 미래로 연결하는 중요한 점들이 될 것입니다.

연설의 마지막에 스티브 잡스는 'Stay Hungry. Stay Foolish'라는 말을 인용해 들려줍니다. 약간 의역하면, '배고픈 채로, 바보 같은 채로 살아라' 정도가 될 듯합니다. 'Stay'란 단어의 반복이 원문의 운치를 더해 주는 것 같습니다. 우리는 참 배부르게 먹고 싶고, 똑똑해지고 싶은 데, 그는 오히려 배고프게, 그리고 바보같이 살라고 합니다. 여기서 배고픔은 끼니를 걸렀을 때를 말하지는 않겠지요. 그것은 내 지식의 배고픔일 수도 있고, 내가 이루고자 하는 꿈의 배고픔일 수도 있을 것입니다. 갑자기 2002년 월드컵 때 '히딩크' 감독이 한 말이 떠오릅니다. '나는 아직 배가 고프다.' 그렇습니다. 배가 고파야 간절해지겠지요. 바보 같아야 자신의 일을 의심없이 묵묵히 밀고 나가겠지요. 일부러 바보같이 보일 필요는 없겠지만, 어느 경우는 정말 바보 같은 미련함이 필요합니다. 어찌 보면 우린, 너무 똑똑해서 탈일지도 모릅니다. 금방 결과를 예측하고 중간에서 포기하기도 하고, 앞선 걱정으로 일을 시작하기도 전에 망설입니다.

요즘 권투선수는 '헝그리 정신'이 없다고들 많이 얘기합니다.

만약 돌아갈 집이 없다면, 링 위에 스스로의 집을 지을 것입니다.

"Stay Hungry, Stay Foolish."

한동안, 저의 머리를 온통 지배했던 '화두'였습니다.

저는 오늘 세계에서 가장 훌륭한 대학 중 하나인 (스탠퍼드) 대학 졸업식에 여러분과 함께하게 되어 영광입니다. 저는 결코 대학을 졸업하지 못했습니다.

솔직히 말하면, 지금처럼 대학 졸업식에 가장 가까이 온 적이 없었습니다. 저는 오늘 여러분께 제 삶에 있었던 3가지 이야기를 말하려고 합니다. 별로 대단한 이야기는 아닙니다. 단지 3가지만요.

첫번째는 점들을 연결하는 것에 관한 이야기입니다.

저는 리드 컬리지를 다닌 지 6개월 만에 자퇴했습니다. 하지만 정말로 대학을 그만두기 전, 18개월 남짓 청강생으로 학교 주위에 머물렀습니다.

제가 왜 자퇴를 했을까요?

제가 태어나기도 전에 시작된 일이었습니다. 저의 생모는 젊고, 미혼의 대학원생이었습니다. 그래서 그녀는 저를 입양시키기로 결정했습니다. 그녀는 제가 대학을 졸업한 사람에게 입양되기를 강력하게 원했었고, 그래서 저는 태어나면 변호사 가정에 입양되도록 결정되어 있었습니다. 제가 태어났을 때 그들은 여자 아이를 원한다는 결정을 내렸습니다. 결국 그들 대신 대기자 명단에 있던 저의 양부모에게 한밤에 전화가 걸려왔습니다. "예정에 없던 사내 아이가 태어났는 데, 그래도 입양하기를 원하십니까?" 저의 양부모는 "물론입니다"라고 대답했습니다.

저의 생모는 양어머니가 대학을 졸업하지 않았고, 양아버지는 고등학교도 졸업하지 못했다는 것을 나중에야 알게 되었습니다. 그녀는 입양동의서에 서명을 거부했습니다. 그녀는 몇 개월이 지나서 양부모가 저를 대학에 보내겠다고 약속한 후에야 겨우 마음이 누그러졌습니다.

17년이 지난 후 저는 대학에 입학했습니다. 그러나 저는 순진하게도 거의 스탠퍼드만큼이나 비싼 대학을 선택했습니다. 그리고 노동계층이었던 부모님이 모아두었던 돈 모두가 저의 학비로 쓰였습니다. 6개월 후 저는 대학에서 그만한 가치를 찾지 못했습니다. 저는 제 인생에서 제가 무엇을하고 싶은지, 대학이 그러한 문제를 해결하는 데 얼마나 도울 수 있을지 알지 못했습니다. 그리고 저는 대학에서 제 부모님이 평생동안 모은 돈을 전부 쓰고 있었습니다. 그래서 저는 자퇴를 결심했고, 모두 잘 될 것이라고 믿었습니다. 그때는 무척 두려웠던 것은 사실이지만, 뒤돌아보면 그것은 내가 내린 최선의 결정 중 하나였던 것 같습니다. 학교를 그만둔 순간 저는 흥미없었던 필수과목들을 듣는 것을 그만둘 수 있었고, 관심을 갖고 있었던 과목들을 청강하기 시작했습니다.

모두 다 로맨틱한 것은 아니었습니다. 저는 기숙사도 얻지 못했고, 그래서 친구집의 마룻바닥에서 잠을 자기도 했고, 먹을 것을 사기 위해 5센트씩 하는 콜라병을 모아 환불받기도 했으며, 매주 일주일에 한 번, 일요일 밤에는 제대로 된 음식을 먹기 위해 하레 크리슈나(krishna) 사원까지 7마일을 걸어가곤 했습니다. 저는 그것이 좋았습니다. 그리고 저의 호기심과 직관을 믿고 행동한 많은 일들이 결국에는 값을 매길 수 없이 소중했다는 것을 발견하게 되었습니다.

한 가지 예를 들어 보겠습니다. 그 당시 리드대학은 아마도 최고의 캘리그래피* 강의를 제공했던 것 같습니다. 캠퍼스 곳곳의 포스터마다, 모든 서랍의 라벨마다 글씨가 아름답게 씌어 있었습니다. 제가 자퇴를 한 상황이라 일반과정을 수강할 필요가 없었기 때문에, 관심이 가는 캘리그래피 강좌를 듣기로 결심했습니다. 저는 serif* 와 san serif* 의 글꼴을, 다른 글자의 조합 사이에서 공간의 다양한 변화에 관해, 또한 무엇이 위대한 타이포그래피를 더 위대하게 만드는지에 대하여 배웠습니다. 이것은 과학적인 방식으로는 포착할 수 없는 아름답고, 역사적이며, 예술적으로 오묘한 것이었습니다. 저는 그것에 완전히 매료되었습니다.

이러한 어떤 것도 제 삶에 실질적으로 적용할 수 있으리라 생각하지 못했습니다. 그러나 10년이 지난 후 우리가 처음으로 맥킨토시 컴퓨터를 디자인할 때, 그것들은 모두 나에게 커다란 도움으로 돌아왔습니다. 그래서 우리는 맥에 그것들 모두를 반영해 디자인했습니다. 맥은 아름다운 타이포그래피를 가진 최초의 컴퓨터입니다. 만약 제가 대학에서 그 과정을 듣지 않았더라면, 맥은 결코 다양한 글꼴들과 균형 잡힌 글자체를 가지지 못했을 것입니다. 윈도가 맥을 따라했기 때문에, 윈도기반 개인용 컴퓨터(PC)는 그것들이 없는 것 같습니다. 만일 제가 학교를 그만두지 않았다면, 저는 결코 이러한 캘리그래피 강좌를 듣지 못했을 것입니다. 그리고 개인용 컴퓨터는 지금처럼 아름다운 타이포그래피를 가지지 못했을 것입니다. 물론 제가 대학에 있을 때는 점들을 앞으로 연결시키는 것은 불가능했습니다. 그러나 10년이 지난 지금, 뒤를 돌아보니 모든것이 명료해졌습니다.

*캘리그래피
_아름다운 서체란 뜻을 지닌 그리스어 kalligraphia에서 유래된 전문적인 핸드 레터링 기술을 뜻한다. 쉽게 얘기하면 '웰컴투 동막골' 영화 타이틀을 생각하면 된다.

*serif
_활자에서의 삐침부위, 즉 획의 끝이 돌출된 서체를 말한다. 우리가 흔히 말하는 명조계열의 서체를 생각하면 쉬울듯.

*san serif
_활자에서 가로와 세로 획의 굵기가 비슷하며 획의 끝에 돌출한 부분이 없는 서체의 명칭. 고딕체를 생각하면 쉬울듯.

다시 말하면, 앞을 보면서 점들을 연결할 수 없습니다. 여러분들은 단지 뒤를 보면서 점들을 연결할 수 있습니다. 그래서 그 점들이 어떻게든 당신의 미래에 연결된다는 것을 믿어야 합니다. 여러분은 무엇인가를 믿고 있습니다.

당신의 배짱, 당신의 운명, 당신의 인생, 혹은 카르마(숙명, 업) 또는 그 무엇인가….
저의 이러한 접근방법은 결코 저의 기대를 저버리지 않았고, 그것은 제 인생에서 모든 차이를 만들어 냈습니다.

두 번째는 사랑과 상실에 관한 이야기입니다.
저는 운이 좋았습니다. 저는 제가 사랑할 수 있는 일을 일찍 발견했습니다. 워즈*와 저는 20세 때 저의 부모님의 차고에서 애플을 시작했습니다. 우리는 열심히 일했고, 차고에서 2명으로 시작한 애플은 10년 동안에 4,000명이 넘는 직원을 가진 20억 달러의 기업으로 성장했습니다. 우리는 우리가 만든 최고의 작품 ─맥킨토시─을 1년 더 빨리 출시했습니다. 저는 그때 막 30세에 접어들고 있었습니다. 그리고 나서 저는 해고를 당했습니다. 제가 시작한 회사에서 어떻게 해고될 수 있냐구요? 글쎄요, 애플이 성장함에 따라서 우리는 저와 함께 회사를 잘 경영할 수 있는 매우 유능하다고 생각한 누군가를 고용하게 되었고, 처음 1년 정도 일은 잘 진행되었습니다. 그러나 미래에 관한 비전이 어긋나기 시작했고, 결국 우리 둘 사이도 빗나가기 시작했습니다. 우리가 그런 상황에 처했을 때, 회사의 이사회는 그*의 편을 들었습니다. 그래서 저는 30세에 회사를 나가야만 했습니다. 그것도 아주 공식적으로. 저의 모든 젊음의 중심이었던 것이 사라졌습니다. 그것은 파괴적이었습니다.

몇 개월 동안 저는 정말 무엇을 해야 할지 알지 못했습니다. 저는 선배 기업인들을 실망시켰다고 생각했습니다. 즉, 제게 넘어온 바통을 떨어뜨렸다고 느꼈습니다. 저는 데이빗 패커드*과 밥 노이스*를 만나 이렇게 일을 만든 것에 대해 사과하려고도 했습니다. 저는 매우 공적으로 실패를 했고, 심지어 실리콘밸리에서 달아날 생각까지 했습니다. 그러나 제 마음 속에서 무언가가 천천히 밝아오기 시작했습니다. 저는 여전히 제가 했던 일을 사랑했습니다. 애플에서의 일련의 사건들은 조금도 바뀌지 않았습니다. 저는 거부당했지만, 그러나 여전히 사랑을 가지고 있었습니다. 그래서 저는 다시 시작하기로 결심했습니다.

당시에는 몰랐지만 제가 애플에서 해고당한 것은 저에게 일어났던 일 가운데 최고의 사

*워즈
스티브 워즈니악.
스티브 잡스와 애플
컴퓨터를 공동설립했
다. 현재는 Wheels
of Zeus(WOZ)란 무
선 통신회사를 설립
했다.

*그
존 스컬리. 스티브
잡스가 창업한 애플
컴퓨터에 1983년 입
사되었다. 펩시의 대
표이사를 지냈고, 현
재 스컬리 브라더스
의 파트너로 일하고
있다.

*데이빗 패커드
HP(휴렛 패커드)의
공동 창업자

*밥 노이스
인텔의 공동 창업자

건임을 깨닫게 되었습니다. 성공에 대한 중압감은 다시 시작하는 사람의 가벼움으로 대체되었고, 이전보다는 모든 것에 대한 확신을 조금 덜 하게 되었습니다. 이러한 자유로움은 제게 제 인생에서 최고의 창의력을 발휘할 수 있는 시기를 제공해 주었습니다.

다음 5년 동안, 저는 넥스트(NeXT)와, 픽사(Pixar)라 불리는 또 다른 회사를 시작했고, 제 부인이 된 멋진 여성과 사랑에 빠지게 되었습니다. 픽사는 세계 최초의 컴퓨터 애니메이션 영화인 〈토이스토리〉를 만들어냈고, 지금은 세계에서 가장 성공한 애니메니션 스튜디오가 되었습니다. 애플이 넥스트사를 인수하는 주목할 만한 일련의 사건 속에서, 저는 다시 애플로 복귀하게 되었습니다. 우리가 넥스트에서 개발한 기술은 애플이 현재 누리고 있는 르네상스의 중추적인 역할을 하고 있습니다. 그리고 로렌과 저는 멋진 가정을 꾸렸습니다.

제가 만약 애플에서 해고되지 않았더라면 이러한 어떤 일도 일어나지 않았을 것입니다. 그것은 지독하게 쓴 약이었지만, 환자에게는 그런 약이 필요한 것이라고 저는 생각합니다. 때때로 삶이 당신의 뒷통수를 때릴지도 모릅니다. 그렇더라도, 믿음을 잃지 마십시오. 저는 저를 계속 나아가게 하는 유일한 것이 제가 한 일을 사랑하는 것이라고 확신합니다. 당신이 사랑하는 것을 발견하십시오. 사랑하는 사람에게 하는 것처럼, 일 앞에서도 진실하십시오. 여러분의 일이 여러분 인생의 많은 부분을 차지할 것입니다. 그리고 진정으로 만족할 수 있는 유일한 방법은 여러분이 믿는 위대한 일을 하는 것입니다. 그리고 그 위대한 일을 할 수 있는 유일한 방법은 여러분이 하는 일을 사랑하는 것입니다. 아직까지 사랑하는 것을 발견하지 못하셨다면, 계속해서 찾으십시오. 안주하지 마십시오. 마음을 따라가다 보면 언젠가 발견하게 될 것입니다. 많은 인생의 관계처럼, 세월이 흘러간 수록 점점 좋아지게 됩니다. 발견할 때까지 계속 찾으시길 바랍니다. 현실에 안주하지 마시길 바랍니다.

세 번째 이야기는 죽음에 대한 것입니다.

제가 17살 때 다음과 같은 글을 읽었습니다. "하루 하루를 인생의 마지막 날처럼 살아간다면, 당신은 당신이 분명히 올바르게 살았다는 것을 알게 될 것이다." 저에게는 감동적이었고, 그 이후로 33년을 살아오는 동안 저는 매일 아침 거울을 보면서 스스로에게 물었습니다. "오늘이 내 인생의 마지막 날이라면, 내가 오늘 하려고 하는 일을 할 것인가?" 그리고 계속해서 "아니오"라고 대답하게 된다면, 저는 무엇인가를 바꾸어야 할 필요가 있다는 것을 알고 있습니다.

마주치는 인생의 순간마다, 내가 곧 죽게 될거라는 것을 기억하는 것은 삶에서 중요한 선택을 하도록 돕는 가장 소중한 도구입니다. 왜냐하면 거의 모든 것—외부의 모든 기대들, 모든 자신감, 수치심과 실패의 두려움—, 이러한 것들은 죽음 앞에서는 사라져 버리고, 진실로 중요한 것만 남게 됩니다. 곧 죽게 될 것이라는 것을 기억하는 것은 여러분이 무엇인가를 잃게 된다고 생각하는 함정을 피하게 하는 좋은 방법입니다. 여러분은 이미 벌거벗겨졌습니다. 여러분의 마음을 따르지 않을 이유가 아무것도 없습니다.

저는 1년 전쯤, 암 진단을 받았습니다. 아침 7시 30분에 검사를 받았고, 췌장에 종양이 있음을 분명히 알 수 있었습니다. 저는 심지어 췌장이 무엇인지도 몰랐습니다. 의사들은 저에게 이것은 치료가 거의 불가능한 종류의 암이라는 것을 말해줬고, 저는 기껏해야 3개월에서 6개월 정도 살 수 있다는 것을 알았습니다. 제 주치의는 집에 돌아가서 주변을 정리하라고 말했고, 그것은 죽음을 준비하라는 의미였습니다. 그것은 제가 앞으로 10년 동안 아이들에게 말하려 했던 모든 것을 단 몇 달 안에 해야 한다는 것을 의미합니다. 일상을 정리하고 마무리해서 가족이 가능한 쉽게 나의 죽음을 받아들일 수 있도록 하는 것을 의미합니다. 그것은 작별인사를 준비하라는 의미입니다.

그러한 진단을 받고 하루를 보냈습니다. 그날 저녁 늦게 저는 생체조직을 떼어내는 검사를 받았습니다. 목으로 들어가서 위를 통해서 장으로 들어가는 내시경 검사를 했습니다. 췌장의 종양으로부터 조직세포 몇 개를 떼어냈습니다. 저는 침착했습니다. 함께 있던 아내는 현미경으로 세포를 검사하던 의사들이 소리치기 시작했다고 말해줬습니다. 왜냐하면 이것은 수술로 치료가 가능한 아주 드문 형태의 췌장암으로 밝혀졌기 때문입니다. 저는 수술을 받았고, 지금은 건강합니다.

이것이 제가 죽음에 가장 가까이 갔던 것이었고, 또한 앞으로 수십 년 동안 그렇게 가까이 가고 싶지 않습니다. 이 일을 경험하면서 생각해 보았습니다. 저는 죽음이 어떤 경우에는 유용하다는 것을, 막연하게 알고 있을 때보다 좀더 확실하게 여러분에게 말할 수 있습니다. 죽기를 원하는 사람은 아무도 없습니다. 심지어 천국을 가길 원하는 사람조차도, 그곳에 가기 위해 죽고 싶어하지는 않을 것입니다. 그러나 죽음은 우리 모두가 공유해야 하는 최종 목적지입니다. 그 누구도 피해갈 수 없습니다. 또 그렇게 되어야만 합니다. 왜냐하면 죽음은 삶이 만든 단 하나의, 최고의 발명품이기 때문입니다. 그것은 인생을 변화시키는 대리인입니다. 그것은 오래된 것들을 치움으로써 새로운 것들을 위해 길을 만들어 주는 것입니다. 지금 새로운 것은 바로 여러분입니다. 그렇지만 지금으로부터 멀지 않은 어느날 여러분은 점차 오래된 것이 되어 사라질 것입니다. 너무 드라마틱하게 들렸다면 죄송스럽지만, 그러나 있는 그대로의 사실입니다.

여러분의 시간은 제한되어 있습니다. 그래서 다른 누군가의 인생을 사는 것처럼 낭비하지 마세요. 다른 사람들의 생각으로 살아가는 도그마(독단)에 빠지지 마십시오. 자신 내면의 소리를 방해하는 다른 사람들의 의견을 허락하지 마십시오. 그리고 무엇보다 중요한 것, 여러분의 마음과 직관을 따르는 용기를 가져야 합니다. 여러분은 여러분이 진정 되고 싶어하는 것이 무엇인지 이미 알고 있습니다. 그 외의 모든것들은 부차적인 것입니다.

제가 어렸을 때 *The Whole Earth Catalog*라고 불리던 재미있는 출판물이 있었습니다. 그것은 우리 세대에게는 바이블 같은 존재였습니다. 그것은 여기서 멀지 않은 멘로 파크(Menlo park)의 스튜어트 브랜드(Stewart Brand)라는 사람이 만들었는데, 그는 거기에 시적인 감수성으로 생명을 불어넣었습니다. 이때는 개인용 컴퓨터와 전자출판이 나오기 이전인 1960년대 후반이어서, 타자기와 가위, 폴라로이드 카메라로 책이 모두 만들어졌습니다. 이것은 구글이 사용되기 35년 전의, 종이로 만든 구글이었습니다. 그것은 간결한 도구와 위대한 개념으로 만든 이상적인 것이었습니다.

스튜어트와 그의 팀은 *The Whole Earth Catalog*를 몇 차례 발행했고, 결국에는 최종판을 발행하게 되었습니다. 그때는 1970년대 중반이었고, 저는 여러분의 나이였습니다. 그 최종판의 뒤쪽 표지에는 이른 아침 시골길의 사진이 실려 있어서, 만약 여러분이 모험을 좋아하는 사람이었다면, 히치하이킹(Hitchhiking)하고 있는 자신을 상상했을지도 모릅니다. 그 사진 아래에는 "Stay Hungry. Stay Foolish." 라는 말이 실려 있었습니다. 이것이 그들이 마지막으로 남긴 고별 메시지였습니다. 배고픈 채로, 바보같은 채로…. 그리고 저는 항상 제 스스로가 그렇게 되길 바랐습니다. 그리고 지금, 졸업으로 새롭게 시작하는 여러분이 그렇게 되길 기원합니다.

배고픈 채로, 바보 같은 채로 살아가길…

대단히 감사합니다….

hope

h o pe

One year after the tsunami there is hope. Houses have been rebuilt. Trees replanted. Lives reborn. And children are returning to school. For just 19c a day, we can give a hungry child a school lunch. But we need your help. www.wfp.org/donate

WFP United Nations
World Food
Programme

PHOTO
REIN SKULLERUD

희망의 단서를 찾는 WFP
상상력의 힘.

WHERE
DID
HOPE?

희망의 단서를 찾는
상상력의 힘!

아직 희망이란 것이 남아 있을까요?

20여만 명의 인명피해와 50여만 명의 이재민.

콘크리트 바닥만 남은 집들과 뿌리가 뽑힌 채 썩어 가는 나무들,

1~2분 사이의 지진해일, 그러나 복구에만 10년이 넘는다는 우울한 예측들.

모든 것이 일순간에 폐허로 변한 땅. 살아남은 자의 눈물과 한숨…

쌀12kg, 생선 통조림 5개, 0.6kg의 식용류로 30일을 살아가야 하는 곳.

잃어버린 사람을 찾는 수많은 벽보들만이 쓰나미의 참상을 증언하듯 나부끼는 곳.

희망의 단서를 발견하기에는 너무 절망적인 시간들…

2004년 12월 26일, 남아시아를 강타했던 쓰나미가 남기고 간 것들입니다.

그래도 희망을 얘기해야 할까요?

이번에 보여드리는 광고는 얼마전 타임(Time)지에 게재된 UN 세계식량프로그램
(WFP_World Food Programme)의 광고입니다. 광고라고 하기보다는 하나의 다큐 사진
(Photo_Rein Skullerud)을 보는 것 같습니다.

쓰나미의 참상을 보여주는 사진 한 장.

사진의 중앙에는 쓰나미의 거친 파도에도 살아남은 나무 한 그루가 있습니다.

이 사진을 찍은 사람의 눈에 이 나무는 단순한 피사체가 아니었을 것입니다.

그것은 바로 '희망'이라는 이름의 나무를 카메라에 담은 것이란 생각입니다.

쓰나미가 할퀴고 간 시련에만 주목했다면, 아마 이런 앵글이 나오기가 쉽지 않았을 것입니다. 폐허의 잔해 속에서도 살아가야만 하는 이유를, 그 증거를 보여주고 싶은 간절함이 읽힙니다.

밑의 짧은 글이 이 사진 한 장에 내레이션을 달아주고 있습니다.

쓰나미 이후 1년, 거기엔 희망이 있습니다.

집들이 다시 세워지고, 나무들이 다시 자라기 시작하고, 새 생명들이 태어났습니다.

그리고, 아이들은 다시 학교로 돌아갔습니다.

단지 하루 19센트로 우리는 배고픈 아이들에게 학교에서 점심을 줄 수 있습니다.

그러나, 우리는 당신의 도움을 더 필요로 합니다. WFP

천 마디 말보다 한 장의 사진이 더 설득력이 있다는 사실.

한 편의 광고로도 사람의 마음이 따뜻해질 수 있다는 것.

이것이 이 WFP광고가 주는 매력이라고 생각합니다.

어떠한 언어보다 더 따뜻한 위로를 전해주는 리얼리티의 힘,

여기에서 우리의 가슴이 뛰기 시작합니다.

희망은 폐허 속에서 더 눈부시게 자란다는 것을,

희망은 우리의 눈물을 먹고 성장해 간다는 것을,

나무에 걸린 '희망(hope)' 이란 단어가 말해 주는 것 같습니다.

hope란 단어의 O자를 생략함으로써,

희망은 결과가 아니라 과정이라는 것을,

우리 스스로가 만들고 가꾸어가는 이름이 바로 '희망' 이라고 얘기하는 듯합니다.

어쩌면, 희망은 판도라의 상자에 갇혀 있는 것이 아니란 생각입니다.

아니, 판도라의 상자는 어쩌면 우리의 가슴 그 자체일지도 모릅니다.

어떠한 절망과 어둠 속에서도 희망의 단서를 찾는 것.

그것이 우리에게 마지막으로 남겨진 '희망' 이란 선물입니다.

아직, 우리에게 희망이 있습니다.

아직, 우리에게는 간절함이 남아 있습니다.

힘을 내십시오!

P.S_ 1. 절망 속에서도 희망을 보여줄 수 있는 힘! 그것은 바로 상상력입니다.

얼마나 가슴 벅찬 일일까요?

자신의 상상력으로 많은 사람의 마음을 움직일 수 있다는 것이…

2. WFP(세계식량프로그램)웹사이트(www.wfp.org)를 방문해 봅시다.

아직 가난과, 그리고 한 끼의 식사와 싸워나가고 있는 많은 사람들을 도울 수 있습니다.

그들에게도 여전히 희망은 필요합니다.

그들을 돕는 것은 단순히 한 끼의 식사를 제공하는 것이 아닙니다.

그들에게 희망의 증거를 보여주는 것입니다.

review | 이 글을 읽은 분들이 소감을 달아주신 내용을 발췌했습니다. 감사드립니다.

강경희 _ 저도 희망이라는 단어를 무척이나 좋아합니다. 그래서 매일매일 따뜻한 가슴으로 하루하루를 지낼수 있는것 같습니다. 좋은 말씀 감사합니다.

김은정 _ 바쁘고 똑같은 일상… 과연 희망은 어디에 있나? 이런 생각을 하루에도 골백번하면서 살고 있습니다. 지금 이 광고와 글을 보지 못했다면 또 그렇고 그런 하루를 보내게 될 테지요. 지금이라도 주위를 둘러봐야 할 것 같네요. 희망의 나무를 발견하게 될지도 모를 테니까요.

상상력에 엔진을 달아라.

instax

당신의 재능(Genie)을 흔들어 깨우세요!

We see
your potential
your passion

당신의 지니(Genie)를 흔들어 깨우세요!

이번에 보여드리는 것은 우리가 너무 잘 알고 있는 마이크로소프트사의 'We see' 광고 캠페인입니다.

We see

three gold, three platinum. Your creativity may someday thrill the world. Start by finding your talent, developing it, then expressing it. The point is we all have the potential to do new things. A song, a drawing, a story, wherever your talent takes you, you inspire us to create software that helps you reach your potential. Your potential. Our passion. Microsoft

우리는 (당신에게서)세 개의 골드, 세 개의 플래티넘 (앨범)을 봅니다.
세계는 어느날 당신의 크리에이티브 능력에 놀랄 것입니다.
시작해 보세요.
당신의 재능을 발견하고, 그것을 발전시키는 것을, 그리고 그것을 표현하는 일을.
우리는 모두 새로운 것을 할 수 있는 잠재력을 가지고 있습니다.
노래나 드로잉, 글을 쓰는 일… 당신의 재능이 어디에 있든,
당신에게서 우리는 소프트웨어를 만들 수 있는 영감을 얻습니다.
당신이 당신의 가능성에 도달할 수 있도록 도와줄 수 있는,
당신의 잠재력. 우리의 열정.

마이크로소프트는 '당신의 잠재력. 우리의 열정' 이라는 슬로건으로 이런 일련의 광고 들을 선보였습니다. 현재의 상황을 암시하는 사진에, 미래의 가능성을 담은 라인 드로잉 을 결합한 아트워크가 보는 사람의 상상력을 자극합니다.
허름한 자동차 정비소 같은 곳에서 베이스기타를 들고 있는 젊은 여성이 보입니다.

이런 곳에서 그녀는 하루 종일 기름냄새와 싸우며 일했을 것입니다.

그리고 모두가 일을 끝내고 집으로 돌아간 저녁, 비로소 그녀의 2막이 시작되는 시간입니다.

작업장 한 켠에 놓아둔 베이스 기타를 들고 기타줄을 튕겨볼 것입니다.

베이스의 육중한 소리는 언제나 그녀에겐 가장 큰 위로가 되겠지요.

손 끝이 아프도록 전해지는 기타줄의 감촉에서 아마 그녀는 '살아있음'을 확인할 것입니다.

그녀의 등 뒤로 걸려 있는 것이 지금은 기름묻은 공구들이지만, 언젠가 그것들은 골드앨범과 플래티넘앨범들로 대체될 것입니다.

지금 그녀의 연주를 들어주는 것은 나무판자로된 벽과 차가운 시멘트 바닥뿐이지만, 언젠가 그것들은 카네기 홀의 커튼 콜 환호성으로 바뀔 것입니다.

코비(Stephen Covey) 박사가 쓴《성공하는 사람들의 7가지 습관》중 세 번째 습관이 무엇인지 기억나십니까?

바로 '소중한 것을 먼저하라'라는 내용입니다.

코비 박사는 이 내용을 발전시켜 시간관리 전문가인 로저 메릴 부부와 함께《소중한 것을 먼저 하라》(원제: *First Things First*)라는 책을 선보입니다.

이 책에서 코비 박사는 일하는 속도가 중요한 것이 아니라 일의 방향이 중요하다고 강조합니다. 대다수의 사람들은 '소중한(중요한)' 일보다는 발등에 떨어진 '급한 일'을 먼저 하게 됩니다. '일이 정리되고 조금 한가해지면 정말 나에게 중요한 일을 시작해야지'라고 사람들은 생각합니다. 그러나 잠시 지난 날들을 생각해보면, 과연 나에게 한가한 시간이 있었나 하는 것입니다. 아마 그렇지 못할 것입니다. 항상 무엇인가 바쁜 일들이 자꾸 생겨나고, 하나의 급한 일을 처리하고 나면 또 다른 급한 일이 또 찾아옵니다. 그러다 보면 한가할 때를 찾기란 쉽지 않을 일일 것입니다. 이렇게 계속해서 급한 일을 먼저 처리하다 보면, 정작 나에게 중요한 일들은 손도 못댈 경우가 많습니다.

지금, 바쁜 일에 밀려 중요한 일을 하지 못한다면, 아마 영원히 중요한 일을 할 수 없게 될지 모릅니다. '중요하지 않지만 시급한 문제'보다 '중요하지만 시급하지 않은 문제'를 먼저 처리하라는 코비 박사의 얘기는 그래서 더 설득력이 있어 보입니다.

당신에게 중요한 일은 지금 무엇입니까?

당신이 정말 하고 싶은 일은 무엇입니까?

눈 앞에 급한 일들에 가려 잊고 지냈던 중요한 꿈들이 있다면… 그것들을 다시 우리의 일상 속으로 가져오면 어떨까요? 위의 마이크로소프트 광고도 우리에게 그런 중요한 일을 먼저하라고 얘기하는 듯합니다. 지금은 비록 힘들고 어렵지만, 스스로의 꿈과 가능성을 믿고 무엇인가에 도전하라고 얘기합니다. 당신의 마음 속엔 이미 알라딘의 요술램프가 있습니다. 여기엔 '지니(Genie)' 라 불리는 잠재력의 거인이 잠들어 있습니다. 이 거인을 깨우기만 한다면 당신은 알라딘처럼 무슨 일이든지 할 수 있을 것입니다. 당신이 오늘 해야 할 '시급하지는 않지만 중요한 일' 은 바로 이 거인을 흔들어 깨우는 일입니다. 일상의 커튼에 가려 있던 당신의 2막을 준비하는 일입니다.

Communication Arts

크리에이티브
잡종견
지우"개"

January/February 2004
Eight Dollars
www.commarts.com

좋은 아이디어는
가까운 곳에 있다!

좋은 아이디어는
가까운 주변에서 발견된다

이 개는 도베르만 핀셰르도 아니고 푸들이나 플란다스의 개도 아닙니다.

당신의 머리 속에서 성장하고, 크리에이티브로 훈련됩니다.

조그만 관심을 기울이지 않아도 발육을 중단하는 예민한 놈입니다.

주인에 대한 복종심이 강하며 주인을 위해 용맹을 발휘한다는 점에서는 여느 개와 동일합니다. 놈은 일상을 세밀하게 관찰하는 예민한 후각과 먹이를 보면 놓치지 않는 민첩함을 가졌습니다. 이 개의 이름은 지우 '개' 란 매우 크리에이티브한 잡종견입니다.

2004년 커뮤니케이션아트(Communication Arts)1/2월 호의 표지입니다. 사진을 자세히 보시면 낯선 사진 한 장이 보이실 겁니다. 다름 아닌 지우개와 압정으로 간단하게 만들어진 '개' 입니다.

제가 붙인 이름이 바로 지우 '개' 입니다.

시애틀에 소재한 광고대행사 Foote, Cone&Belding의 아트디렉터인 Mike McGrath가 같은 회사 동료의 책상에서 우연히 발견한 것입니다. 누군가 심심하던 차에 굴러다니던 지우개에 압정을 꽂았을 겁니다. 압정을 꽂고 나니 마치 네 발 달린 동물처럼 보였겠지요. 이것이 마침 '미술관' 광고의 소재를 찾던 Mike McGrath의 눈에 들어왔던 것입니다.

여기에 실핀으로 꼬리를 달고, 지우개 똥으로 자연스럽게 노트 위를 장식하고 사진을 찍으니, 꽤나 그럴 듯한 애완견이 탄생했습니다.

이것은 우리 주변 가까이에서 어렵지 않게 찾을 수 있는 발견의 힘을 보여주고 있습니다. 일상의 사소한 관심과 발견이 바로 훌륭한 크리에이티브로 이어진다는 것이지요.

우리는 언제나 아이디어를 찾고 있습니다. 그러나 빅(Big) 아이디어는 어느날 문득 하늘에서 떨어지는 것이 아닙니다. 머리 속 어딘가 처박혀 있는 것을 뒤지는 '숨은 그림찾기' 는 더더욱 아닙니다. 좋은 아이디어는 우리 주변 가까이에 있습니다. 단지 우리가 발견하지 못하는 것일 뿐입니다.

지금부터라도 관심과 호기심을 가지고 주변을 한 번 둘러보세요. 이전에는 아무 쓸모없다고 폐기처분했던 것들, 아무 생각없이 그냥 스쳐지났던 것들이 번뜩이는 아이디어가

되어 돌아올 것입니다. 아이디어를 찾아 머리 속에서만 뒤질 생각하지 마시고, 조금만 다른 관점에서 주변을 한 번 더 세밀하게 관찰해 봅시다. 관찰에 집중하면 '통찰력'이 얻어집니다.

그러면, 바로 당신의 책상 위에서 정말 지우개가 지우 '개' 가되는 멋진 광경을 목격하게 될 것입니다.

지금부터라도 '복' 이 찾아와 주기를 바라지 말고, 스스로 '복' 을 발견해 보면 어떨까요. 이 '복' 이라는 것도 어쩌면 이미 당신 안에 존재할지 모릅니다.

위 그림 좌측은 전자기기의 못쓰는 부품을 결합해 만든 돼지입니다. 저와 같은 학교에 재직하고 있는 일러스트레이터 성근현 교수의 작품입니다. 전자부품의 구조를 유심히 살펴 보면, 우리가 알고 있는 동물이나 사물의 형태와 유사점을 발견할 수 있습니다. 이것에 착안하면, 버려지는 것들로도 다양한 형태나 용도의 작품들을 만들어 낼 수 있습니다. 우측 사진은 수업시간에 어떤 학생이 버려진 일회용 컵을 결합시켜 상상 속의 캐릭터를 만들어 냈습니다. 장난기 어린 작업이지만, 사진을 찍어 놓으니 제법 그럴 듯해졌습니다.

좋은 작업을 원한다면, 주변을 잘 관찰하는 습관이 먼저 필요합니다. 우리 주변의 것들을 세심하게 관찰하면, 우리가 동물원에 가는 것보다도 더 많은 동물들과 다양한 자연의 형태들을 만날 수 있을 것입니다.

주장미 _ 언젠가 김제동 씨가 말을 잘하는 방법이 무엇이냐 라는 질문에 이렇게 대답한 것을 보았습니다. 주위의 일상생활을 토대로 얘기를 하라고… 일상에서 주는 아이디어들은 비단 '말잘하기'에만 적용되는 게 아닌 거 같습니다. 모든 일에 있어서 기본이 되는 것들은 내 주위에 존재하는 사소한 것인 거 같네요.
숨을 쉬고 있으면서도 공기가 소중한지 느끼지 못하는 것처럼, 지금 내 눈앞에 있는 소재가 획기적인 아이디어인데도 보지 못하고 그냥 지나치고 있는지도 모르겠네요.

손영우 _ 주위의 모든 것들… 그것들을 너무 안일한 마음으로 지나쳤나 봅니다. 다시 일어설 수 있는 힘을 얻은 것 같습니다. 아직 늦지 않았단 말씀 기억하겠습니다.

Isidro Ferrer.
Objet + Idea

designer's
Weapon
→ pen — draw your
Imagination
} gun — target

당신의 무기는
무엇입니까?

노끈

몽당연필

철사

Isidro Ferrer

나무

임현우

당신의 무기는 무엇입니까?

The Pen Is Mightier Than The Sword.

우리가 영어 공부할 때 문법책에 보면 반드시 등장하는 예문입니다.

The + 보통명사가 추상명사로 쓰일 때가 있다고 배웠습니다. 그래서 The Pen은 단순히 펜을 의미하는 것이 아니라 문(文)을 의미한다고 지겹게 들었습니다.

이 단순한 아이디어에서 출발해서 멋진 자신의 이미지를 만든 디자이너가 있습니다.

왼쪽의 사진은 스페인에서 디자인 스튜디오를 운영하며 에디토리얼 디자인, 애니메이션, 전시 디자인 등 다방면에서 많은 활동을 하고 있는 Isidro Ferrer가 만든 자신의 심볼입니다.

그는 오브제와 아이디어를 결합시킨 독특한 표현으로 커뮤니케이션 메시지를 드라마틱하게 전달하는 능력을 가졌습니다. 실제로 그가 디자인한 포스터와 많은 책들을 살펴봐도 이러한 그의 작업 스타일을 발견할 수 있습니다. 몽당연필에 삼각형 나무조각을 노끈으로 결합하고, 여기에 철사로 방아쇠를 장식하니 제법 그럴 듯한 한 자루의 총이 되었습니다. 얼핏 보기엔 어린아이의 장난 같지만, 이것처럼 위의 예를 든 영문을 드라마틱하게 은유한 것을 전 아직 보지 못했습니다. 아이디어와 생각의 '힘'이야말로 세상 그 어떤 무기와도 맞설 수 있는 가장 강력한 도구라는 것을 즉각적으로 보여주고 있는 것입니다.

미국과 이라크의 전쟁을 TV중계로 보신 분들이라면 전쟁의 개념이 혁신적으로 바뀌어가고 있다는 것을 느끼셨을 겁니다. 〈태극기 휘날리며〉에서 나오는 백병전은 이제 사라졌습니다. 마치 게임하듯 전쟁도 컴퓨터로 제어하는 시대인 것입니다. 바야흐로 전쟁도 바로 '생각'의 힘으로 겨루는 시대입니다. 지금의 우리나라 사회를 보면 전쟁과 다를 바가 없습니다. 경쟁력이 없는 상품과 서비스는 스스로 시장에서 도태되어 가고 있습니다. 사람도 마찬가지란 생각입니다. 예전 같으면 평생직장이란 아주 '화목한' 분위기에서 근무를 하고, 특별한 과오가 없으면 한 직장에서 퇴직을 했습니다. 그러나 지금 우리는 38선이니 사오정이니 하는 말에서 느낄 수 있듯이 치열한 생존경쟁 속에서 하루하루를 전쟁 치르듯 힘겹게 살아가고 있습니다. '로또'의 인기도 이러한 사회의 단면을 너무 잘 보여주고 있습니다.

희망없는 시대에 '8백만분의 1' 이라는 거의 불가능한 당첨확률에 희망을 거는 우리의 모습에서 '안돼 보인다' 라는 생각보다는 분노에 가까운 감정이 느껴집니다. Isidro Ferrer의 연필총은 정확히 이러한 우리의 모습을 정조준하고 있습니다. 나의 경쟁력이 무엇인지를, 우리의 무기가 어떤 것인지를 묻고 있습니다.

생각의 힘이 세상을 바꾸는 가장 강력한 무기이고, 세상과 맞서 이길 수 있는 단 한 자루의 엑스칼리버라고 얘기하고 있습니다.

삼국지의 관우에게는 적토마가 있었고,

스타워즈의 제다이에게는 강력한 포스의 광선검이 있습니다.

헤르메스에게는 카두세우스라는 지팡이가 있었고,

잭 웰치에게는 사람을 감동시키는 프리젠테이션 능력이 있습니다.

묻고 싶습니다.

당신의 무기는 무엇입니까?

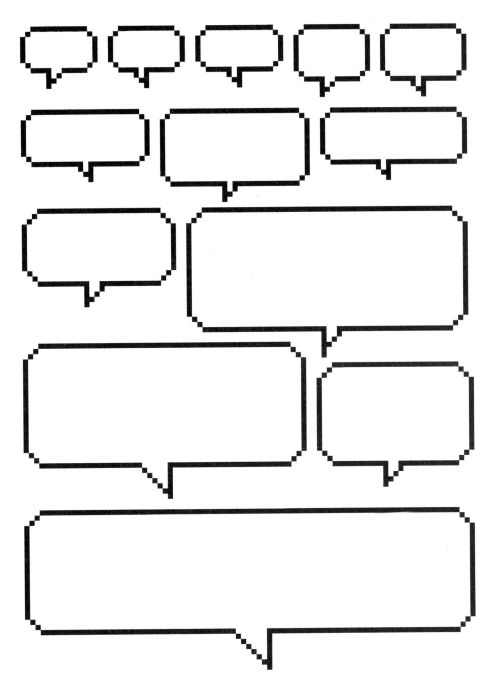

내가 생각하는 나의 무기를 써봅시다. 그리고 그것들을 중요하지 않은 순서부터 하나씩 줄여서 맨 마지막 말풍선에는 나의 무기가 될 수 있는 것 하나만 써넣어 봅시다.

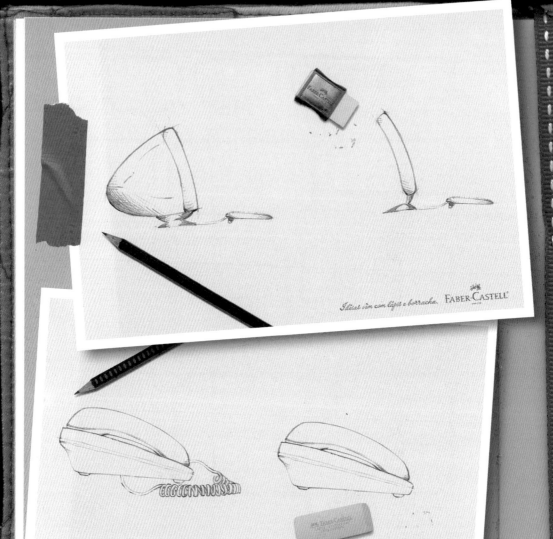

Iltiat vêm com lápis e borracha. FABER-CASTELL

Iltiat vêm com lápis e borracha. FABER-CASTELL

Agency; Full Jazz, Sao Paulo
Art Director; Henrique Mattos
Copywriter; Paula Junqueira,
Fabiano Soares
Photographer; Dionisio
Illustrator; Elias Abdalla

제대로 지워내는 일도
훌륭한 아이디어다.

제대로 지워내는 일도 훌륭한 아이디어다!

좋은 아이디어를 내는 필요충분 조건 — 연필과 지우개

왼쪽의 그림은 브라질 남부 상파울루에 있는 광고회사 Full Jazz에서 제작한 Faber-Castell의 시리즈 광고입니다. 브라질은 Faber-Castell과 비교적 밀접한 관계에 있는 나라이기도 합니다.

1994년 Faber-Castell은 브라질 상파울루에 첫 교두보를 마련한 이래 지금은 약 2,900명의 브라질 사람들이 상카를로스나 상파울루의 Faber-Castell에 근무합니다. 이것은 약 5,500명의 Faber-Castell직원의 절반이 넘는 숫자입니다. 규모 면에서 볼 때 브라질은 Faber-Castell의 전초기지 역할을 톡톡히 담당하고 있습니다. Faber-Castell의 역사는 지금으로부터 약 240년 전인 1761년부터 시작됩니다. 1761년은 모짜르트가 다섯 살의 나이로 그의 첫 번째 음악을 작곡했던 해이기도 합니다. 그 해 독일 Nuremberg근교 Stein에서 캐비닛 메이커였던 Kaspar Faber는 흑연의 분말에 황을 혼합하여서 "Bleyweiβ steffte" 이라는 그의 첫 번째 연필을 만들게 됩니다. 지금 전세계적으로 연필의 전형이 된 육각형 연필도 그가 맨처음 생각한 것이었다고 합니다. 2대인 A.W.Faber가 아버지의 사업을 이어받아 공장을 확장하고 서서히 명성을 넓혀가기 시작했습니다. 그 후 Faber-Castell은 1849년 뉴욕에 첫 브랜치를 설립히고 본격적인 해외시장으로 사업영역을 확상해 나갔습니다.

지금은 어린이들이 사용하는 크레용에서부터 만년필에 이르기까지 2,000개의 품목을 생산하는 세계적인 메이커로 성장했으며, 현재 8대 후손인 Count Anton Wolfgang von Faber-Castell이 가문의 전통을 이어가고 있습니다. Faber-Castell에서 1년에 생산하는 연필만 1,800백만 자루가 넘는다고 하니, 말 그대로 연필의 대명사가 된 셈입니다.

지금과 같은 흑연심 연필의 역사는 400년 전으로 거슬러 올라갑니다.

사람들은 영국 보로델에서 생산되는 질좋은 흑연을 막대모양으로 가공해서 사용했었습니다. 그 후로, 연필의 수요는 점차로 늘어나는 반면, 상대적으로 흑연의 확보가 날이 갈

수록 더 어렵게 되었습니다. 그래서 사람들은 흑연을 대체할 **방법을** 모색하게 되었고, 마침내 프랑스의 니콜라스 자크 콩테에 의해 1794년 새로운 연필심 제조공법이 개발되었습니다. 콩테가 개발한 이 프랑스식 연필은 흑연분말을 도자기용 점토와 혼합, 고온으로 구워내는 방법입니다. 1795년 콩테는 이 연필심 제조공법으로 특허를 받았고 이것이 현대적 개념으로서 연필의 시초가 되었다고 합니다. 반면 연필을 지울 수 있는 지우개는 1772년 영국의 화학자인 J.프리스틀리가 고무로부터 그 원리를 발견했다고 전해집니다. 연필과 지우개! 이처럼 궁합이 잘맞는 사물도 별로 없을 듯합니다.
옆의 Faber-Castell광고는 바로 이런 생각에서 출발하고 있습니다.

Ideas appear with pencil and eraser.
_아이디어는 연필과 지우개와 함께 나타난다.

첫 번째 광고는 아이맥의 초기 모델의 스케치가 등장합니다. 이 1세대 아이맥의 경우, 특유의 컬러와 반투명 디자인으로 세계 각국에서 대단한 인기를 얻었습니다. 이후 호빵맥이라 불리는 하얀색 아이맥을 거쳐 얼마전 애플컴퓨터는, 모니터에 본체가 결합된 새로운 형태의 아이맥 G5를 선보였습니다. 바로 이 신형 아이맥의 형태가 위의 아이맥 모니터의 뒷통수를 지워낸 모습과 유사합니다. Faber-Castell의 광고를 제작한 광고회사가 이 아이맥 디자인의 변화과정에서 아이디어를 얻었는지는 분명하지 않습니다만, 디자인이라는 것이, 뭔가를 더하고 새롭게 포장하는 일만이 아니라는 것을 보여주고 있습니다. 연필로 스케치해서 아이디어를 완성시키는 것도 중요하지만, 필요에 따라서는 이미 완성된 스케치를 지워내는 것도 또한 훌륭한 디자인이 될 수 있다는 것을 역설적으로 보여주고 있습니다. 다국적광고회사 레오버넷의 창시자인 레오 버넷(Leo Burnett)은 아이디에이션(Ideation) 능력을 무엇보다 중요시했습니다. 그는 '이미 알고 있는 것을 다시 조합하여 새로운 것으로 만들어내는 능력'으로서 아이디어의 중요성을 강조했습니다. 즉, 좋은 아이디어란 이미 '알고 있는 것들의 새로운 조합'이라는 얘기입니다. 여기서 말하는 새로운 조합은 기존의 아이디어에 새로운 생각을 결합시키는 방법을 의미합니다. 또한, 기존의 아이디어나 생각에서 필요없는 부분을 지워내고, 버리는 것도 포함됩니다.
우리는 좋은 아이디어와 디자인을 내기 위해 참 많이 노력합니다. 밤 새워 아이디어 스케치를 해보기도 하고, 새로 나온 책을 꼼꼼히 뒤져보기도 합니다. 새로운 통찰력을 얻기 위해서 머리를 쥐어짜기도 하지요. 하지만, 그렇게 한다고 빅(Big) 아이디어가 탄생되는 경우는 그다지 많이 보지 못했습니다. 새로운 아이디어는 결국 어느 특별한 곳에 매장되어 있는 '흑연'이 아닙니다. 그것은 우리의 마음 속에 이미 존재한다는 사실입니다. 연필을 발명한 콩테에게서 우리가 배울 점이 바로 이것입니다. 이전까지는 연필 만드는 방법을 사람들은 땅 속에서만 찾았습니다. 그러나 콩테는 땅 속이 아니라 마음 속에서 그 방법을 발견했습니다. 그는 새로운 것이란 이미 알고 있는 것들의 조합이란 말을 앞서서 증명해 보였습니다. 지워내고, 버림으로서 새로운 아이디어를 만드는 것, 이것은 대단한 용기이자 모험이기도 합니다. 뒷통수가 큰 일명 CRT모니터를 지워내고 초박형 액정모니터를 생각하는 것은, 아무 사람에게나 보이는 뻔한 결과물이 아닐 것입니다. 그 제품에 대한 끊임없는 고민과 통찰의 결과입니다. 그리고 여기까지는 누구나 같은 생각과 결과를 얻을 수도 있습니다. 그러나 중요한 것은 그렇게 새롭게 탄생되는 아이디어를 보호하고 실천하는 능력입니다. 가장 바보는 '나도 저런 생각했었는데…'라고 말하는 사람들일 것입니다.

좋은 아이디어는 또한 실천의 결과인 이유가 여기 있는 것입니다. 두 번째 광고는 기존의 유선전화기에서 선을 지워내고, 무선전화기를 만들었습니다. 이쯤 되면 지우개를 들고 지워내면 뭐든지 새로운 것을 만들 수 있다는 착각에 빠질 정도입니다.

다음은 제가 몇 년 전에 '지우개'에 관해 끄적인 생각입니다.

나의 하루를 채 쓰기도 전에
지워야 할 것들이 많아 힘들었지
하루치의 이기심,
또 그만큼의 자존심과
다른 이에 상처를 준 많은 단어들
온전히 지우고 다시 써내려갈 수 있다면
내 몸이 닳아 없어져도 행복하겠지

내게 불필요한 것들을
억지로 지워내다

때론 찢어지는 고통을 견뎌내야 하겠지만
아문 상처 사이로 새 살이 돋아나듯
내 남루한 기억들을 걷어내고
다시 시작할 수 있을까

하루를 잘 써내려가는 일보다
하루를 잘 지워내는 일이
더 중요한 것을 깨닫는 날
지우개 똥보다 못한 욕심 때문에
난 몇 번이고 지우고 다시 썼던가

빼곡히 채워진 성급함보다
텅 빈 여백의 쓸쓸함을 즐길 수 있도록
욕심없이 버려야 한다
깨끗하게 지워야 한다

_임헌우 (1998)

지우개 똥보다 못한 욕심과 생각이라면, 과감하게 지워내야 합니다. 역사가 240년이나 된 Faber-Castell이라면 얼마나 하고 싶은 얘기가 많겠습니까? 특히, 한 해 1,800만 자루의 연필을 만들어 낸다면 또한 얼마나 자랑하고 싶겠습니까?

이 모든 생각들을 지워내고 연필과 지우개 본연이 갖는 의미에 충실했습니다. 오히려 많은 것들을 제대로 지워냄으로써 1등 회사다운 배포와 용기, 그리고 자신감으로 그만큼의 공간을 채우고 있습니다. 아이디어를 잘 내고, 찾는 일만큼 기존의 생각들을 제대로 지워내는 일도 중요한 것입니다. 롱스커트의 밑단을 지워내지 않았다면, 오늘날의 미니스커트는 존재하지 않았을 것입니다. 카세트의 전원플러그를 지워내지 않았다면, 지금의 워크맨은 꿈도 꾸질 못했을 겁니다. 칼날을 지워내지 않았다면 스타워즈의 멋진 광선검은 태어나지 못했을 것이구요. 형태가 주는 아우라(Aura)를 지워내지 못했다면, 지금의 추상화는 나타나지도 못했을 것입니다. 뭔가를 자꾸 덧붙여서 생각을 복잡하게 하지말고, 지우개를 들고 기존의 아이디어를 지워나가 봅시다. 저는 후배 디자이너가 작업한 것들을 디렉팅(Directing)할 때가 있습니다.

이런 경우 제가 하는 일의 대부분은 많은 디자인 요소들을 걷어내는 일입니다. 몇 가지 요소들만 정리되어도, 꽤나 좋은 결과물이 나옵니다. 지워내다 보면 생각의 방향이 명쾌해집니다. 또한 단순함이 주는 매력을 발견하게 됩니다. 동양화의 여백이란 것도 어쩌면 복잡한 생각들을 지워낸 여유로움에서 나오는 것이 아닐까요?

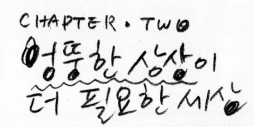

CHAPTER · TWO
엉뚱한 상상이
더 필요한 세상

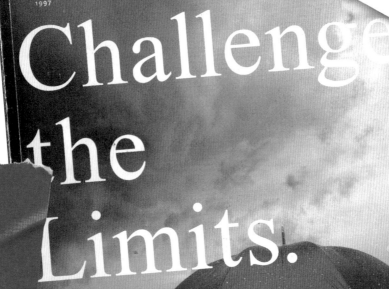

Challenge the Limits.

삼성 애뉴얼 리포트 1997 표지

저랑같이
하늘을 쓰실래요?

저랑같이 하늘을 쓰실래요?

비오는 날에 하고 싶은 것들이 많이 생각납니다.

아마 부동의 1위는 아마 배깔고 누워 만화책 보는 것일 테구요. 다음이 빈대떡 부쳐 먹는 것이 아닐까 생각합니다. 비는 사람의 마음을 가라앉히게 만듭니다. 모르긴 몰라도 우리 몸의 70%가 물이기 때문에 비와 더 친밀하다는 생각을 할지 모르겠습니다. 물과 물에 가까운 사람의 만남…그래서 비 오는 날 생각이 많아지는 게 아닐까요?

옆의 그림은 삼성에서 만든 해외용 애뉴얼 리포트입니다(1997년, New York에 소재한 Addison에서 디자인과 진행을 맡았습니다. 표지는 Lorenz/Avelar이 담당했습니다). 마치 르네 마그리트의 작품을 보는 듯합니다. 전혀 어울리지 않을 것 같은 것들을 병치시켜서, 부조화 속에 묘한 긴장감을 불러 일으키는 것! 초현실주의 작가들이 많이 쓰던 방법입니다.(초현실주의 작가였던 에른스트는 '부조리한 평면 위에 전혀 관계없는 두 실재간의 만남'을 즐겨 사용했습니다.) 특히, 사람의 뒷모습이나 비오는 날, 하늘의 모습이라든가 하는 표현은 마그리트로부터 직접적으로 영향을 받은 듯합니다. 제가 이 애뉴얼 리포트를 올린 것은 디자인이 좋아서가 아닙니다. 가만히 사진을 들여다보면 화면 속의 사람이 쓰고 있는 우산이 보입니다. 우산 내부에는 푸른 하늘이 선명하게 나타납니다.

비오는 날과 하늘이라…

이 두 가지 상반된 개념이 만난 결과는 매우 신선합니다. 마치 긴 장마중에 가끔 비친 푸른 하늘의 느낌이라고 할까요. 그때 바라보던 하늘은 유난히 맑고 투명합니다. 자칫 우울해지기 쉬운 비오는 날. 이런 우산 하나를 쓰고 다니면 마치 하늘을 쓰고 다닐 것 같은 기분이 들 겁니다[이 우산 하나 있으면 작업(?)하기도 쉬울 것 같네요^_^ 저랑 같이 하늘을 쓰고 다닐래요? 라고 말을 걸기만 하면… 일단 시작이 좋을 것 같네요].

이것은 광고에서나 나올 법한 얘기가 아닙니다. 실제로 이와 똑같은 우산이 있습니다. 바로 티보 칼맨(Tibor Kalman)이 1992년 디자인한 Sky Umbrella입니다. 뉴욕의 MOMA 미술관에서 이 하늘우산을 만나실 수 있습니다. 국내에도 수입돼 팔리고 있습니다. 가격은 대략 6만 원이 넘었던 걸로 기억합니다. 가격이 많고 적음을 떠나서 이런 생각을 한 디자이너의 발상이 참 신선합니다. 사람의 기분까지 전환시켜 주는 우산, 이런 우산을 하나 가지고 있으면 비오는 날이 오히려 기다려질 것 같은 생각이 듭니다. 생각해 보세요. 비가 주룩주룩 내리는데 거리를 나서면, 온통 하늘로 가득한 거리… 마치 한 장면의 대지예술을 보는 듯한 기분이 들 겁니다. MOMA미술관 스토어에는 잔디우산도 있습니다. 우산에 잔디가 인쇄돼 있습니다. 혹시, 비오는 날 잔디의 표정을 보셨나요. 생생한 얼굴이 되어 초록으로 빛나는… 이 우산을 쓰고 다니면 비오는 동안 내내 잔디에 물을 주고 다니게 되는 것이지요. 생각만 해도 얼굴에 웃음이 피어나는 것 같네요. 아주 작은 생각의 차이지만, 대개의 사람들은 생각에서 그칩니다. 세상의 역사를 바꾼 사람들은 작은 것이라도 실천에 옮겼습니다. 누가 먼저 생각했느냐는 그다지 중요한 문제가 아닙니다. 문제는 그 생각의 실천인 것입니다. 우리는 어떤 것을 보게 되면 '어, 나도 저런 생각 했었는데…' 혹은, 저건 '누구나 다 생각하는 거야' 라고 지나치는 경우가 많습니다. 특히, 디자이너에게는 실천이 중요합니다. 아무리 좋은 생각이더라도 결국 그것을 실천하는 사람만이 결과를 얻을 수 있는 것입니다. 작은 생각이 사람의 생각을, 거리를, 결국 세상까지 바꾸게 되는 것입니다.

비오는 날 맑은 하늘을 보게 할 수 있는 특권을 가진 사람!

디자이너가 바로 그런 사람이 아닌가 생각합니다.

단순히 우산이라는 제품이 아니라 사람의 기분까지 디자인 영역에 포함시키는 그런 디자이너가 그립습니다. 대상을 예쁘게, 보기 좋게 만드는 것이 디자인의 전부가 아니라고 생각합니다. 보는 사람으로 하여금 생각할 수 있게 하는 것! 그것이 디자인의 숨겨진 힘이 아닐까요?

생각의 비가 내리는 날에는 조용히 실천에게 말을 걸어봅시다… 저랑 같이 하늘을 쓰실래요?

이은주 _ '생각의 비가 내리는 날에는 조용히 실천에게 말을 걸어봅시다.' 이말 너무 좋네요. 제게 꼭 필요한 말 같아요.

신설화 _ '비오는 날 맑은 하늘을 보게 할 수 있는 특권을 가진 사람! 디자이너가 바로 그런 사람이 아닌가 생각합니다.' 전 이말도 너무 좋은 걸요~

영어를 공부해야 하는 6가지 이유

어느 해인가 제가 아는 교수님의 정년퇴임식에 간 적이 있습니다. 마지막으로 그 교수님이 참석자에게 감사의 말과 더불어 당부의 말을 하시더군요. 뜻밖에도 그 당부의 말씀은 '영어공부를 하라는 것' 이었습니다. 다른 하고 싶은 말씀도 많았을 텐데, 하필 영어공부라니… 그것도 언어나 문학에 관련된 교수님도 아니고, 미술을 전공하신 분이…
다소 의외라 생각하면서도 한편으로 수긍이 갔습니다. 집으로 돌아오는 길에 그 마지막 말씀이 머리 속을 떠나지 않았던 기억이 납니다.
또 지긋지긋한 영어 얘기냐고 짜증부터 내실 수도 있을 것입니다. 이제까지 의도적으로 회피도 해보았고, 골치 아프니까 그냥 덮어두었을 수도 있습니다. 남들이 다 하니까 한동안 영어공부에 열중한 적도 한 번쯤은 있었을 겁니다. 누구에게 공부하란 얘기를 들을 나이도 한참 지났는데… 그럼에도 불구하고 다시 한 번 말씀드리겠습니다.

우린 참 열심히 영어를 공부해 왔습니다.
초등학교, 중고등학교, 대학교까지 합치면 무려 16년간이나 영어공부를 해온 셈입니다. 그것도 모자라서 사회에 나와서도 또 영어학원을 몇 개월씩 다녔던 기억이 날 겁니다. 요즘은 초등학교 입학 전부터 영어공부를 시킨다고 하더군요. 이렇게 영어공부를 해왔다면 지금쯤 모두들 영어에 관한 한 도사가 되었을 법한데, 제 주변을 살펴보아도 영어를 잘하는 사람은 쉽게 눈에 띄질 않습니다. 특히 디자이너인 경우 상황은 더 심각합니다. 외국유학이나 언어연수를 갔다온 경우가 아니면 영어 잘하는 사람을 만나기가 더 어려운 것 같습니다.
앞의 광고를 보면 왜 우리가 그토록 영어공부를 해야 하는지를 재미있게, 한편으로는 냉철하게 보여주고 있습니다. 일본 도쿄에 있는 다국적 광고대행사 Ogilvy & Mather(Japan)에서 제작한 TOEIC의 광고 캠페인입니다.
TOEIC은 Test Of English International Communication의 약자라는 것은 다 알고 계실 겁니다. 말 그대로 의사소통을 위한 영어실력 테스트인 것입니다.

첫 번째 광고는 생태계에서 천적의 관계에 있는 개구리와 뱀이 등장합니다.

for collaboration 협력하기 위해서_

명쾌하게 우리가 영어공부를 해야 하는 이유를 대고 있습니다. 필요에 따라서는 '적과의 동침' 도 불사하는 것이 지금의 비즈니스 현장인 것입니다. 현재는 진영간의 싸움이라고 들 얘기합니다. 경쟁관계에 있는 기업이라 할지라도 자기회사에 이익이 된다면 기꺼이 전략적 제휴를 합니다. 그런 전략적 제휴를 한 기업이 모이면 진영이 형성되고, 미래의 캐시카우(기업의 재원) 확보를 위해 한 치의 양보도 없는 진영과 진영 간의 치열한 경쟁을 펼치고 있다는 것입니다(대표적인 경우가 우리나라의 대한항공도 참여하고 있는 항공사간의 다국적연합인 'Sky Team' 입니다). 국내의 경우를 보더라도 LG와 IBM 제휴, 그리고 최근에 삼성과 소니가 '적과의 동침' 에 들어갔습니다. 이렇게 협력과 공조를 하기 위해서는 의사소통이 필수인 것은 당연한 일이겠지요. 서로 의사소통이 되어야 이러한 협상과 협력이 가능하다는 얘기입니다. 비록 상대가 천적일지라도… 만약 개구리가 뱀과의 적절한 커뮤니케이션에 실패했다면, 순식간에 뱀에게 잡아 먹혔을 것입니다.
바야흐로 영어는 이제 사느냐 죽느냐의 문제에까지 영향을 미치는가 봅니다.

두 번째 역시 천적의 관계인 고양이와 쥐가 등장합니다.

for negotiation 협상하기 위해서_

영화 〈스캔들〉의 포스터 카피를 보면 '통하였느냐?' 란 대사가 나옵니다. 영화에서는 다소 야한(?) 의미로 사용되었지만, 서로 '통(通)' 하다란 것은 서로간의 커뮤니케이션을 의미하는 것입니다. 커뮤니케이션이 돼야 절체절명의 위기에서도 협상의 여지가 있다는 얘기입니다. 만약 쥐와 고양이가 서로 의사소통이 되지 않는다면, 결과는 치고받고 싸우는 일밖에 없습니다. 만약 '톰과 제리' 가 서로 협상을 잘 했더라면, 만화에서처럼 그렇게 싸우지는 않았겠지요. '호랑이에게 물려가도 정신만 차리면 산다' 라는 옛말이 이제 바뀌어야 될 듯싶습니다.
'호랑이에게 물려가도 영어를 잘해야 산다'…로,

세 번째는 for love 사랑하기 위해서_

그다지 설명이 필요없을 것 같군요. 언어가 통해야 서로의 사랑도 가능하다는 얘기입니다.

특히 서로의 신분과 처지가 다르다면 더욱 더 상대방과의 대화가 중요해질 것입니다. 갑자기 〈사랑도 통역되나요〉란 영화가 생각나는군요.

네 번째는 for interest 관심을 위해서_

펭귄도 날개가 있지만 펭귄은 **이미 그 기능이 퇴화돼서 날지를 못합니다.** 같은 날개를 가지고도 날아다니는 놈에게 **관심**과 흥미가 가는 것은 당연한 일입니다. 저는 북바인딩 서적을 외국의 사이트로부터 **구입**합니다. 당연히 영어로 돼있지요. 저의 관심사이다 보니 사전을 뒤적이며 해석하려고 애씁니다.

영어가 되어야… 관심사도 즐길 수 있다는 얘기입니다.

다섯 번째는 for understanding 이해하기 위해서_

새에게는 박쥐가 도무지 이해가 안 갈 것입니다. 어떻게 거꾸로 매달려서 살아갈까가 궁금할 것입니다. 바로 그것을 해결하는 것이 의사소통이라는 얘기입니다. 말이 통해야 '이해' 란 것도 되는 것이지요. 박쥐의 입장에서도 호기심은 마찬가지로 생길 것입니다.

마지막은 for mutuality 상호 의존하기 위해서_

부엉이와 닭은 서로 바이오 리듬이 다릅니다. 부엉이는 밤에는 깨어 있고 닭은 밤에 잠을 자고 새벽이 되어서야 잠을 깨지요. 마치 악어와 악어새처럼 서로 '상생' 하며 살아갈 수 있을 겁니다. 이런 두 동물은 어찌보면 서로 의존하고 서로 보완하는 관계입니다. 그런 관계를 맺는 일도 '말이 통해야' 가능한 일들입니다. 위의 토익 광고들은 광고에서 흔히 말하는 3B* 모델 중 동물을 소재로 보는 사람의 흥미를 집중시키고 있습니다.

이 광고는 2002 뉴욕광고제 Professional Services부문에서 은메달을 받았습니다.

그리 오래되지 않았습니다. 국내 2위의 광고 대행사인 LG애드가 다국적광고기업인 WPP에 매각되었습니다. 영국계 광고대행사인 TBWA나, 대표적인 다국적광고대행사인 BBDO, 맥켄에릭슨, 오길비앤매더 등 많은 외국의 광고회사들이 이미 국내시장에서 자신의 입지를 확고히 해나가고 있습니다. 제일기획도 얼마전 외국계 크리에이티브 디렉터 2명의 신규영입을 발표했습니다. 우리나라에 거점을 확보한 외국 다국적기업의 광고 수주를 위한 경쟁 프리젠테이션의 경우는 당연히 영어로 프리젠테이션이 진행됩니다.

* 3B
_ Beauty, Baby, Beast 를 가리키는말로 미인과, 아기 그리고 동물을 고려해 광고를 만들면 광고의 주목률을 높일 수있다는 내용.

퇴임식에서 난데없이 영어공부를 하라시던 교수님의 말씀이 이해가 됩니다. 이쯤되면 항상 앞부분만 보던 영어책이라도 다시 꺼내봐야 할 판입니다. 영어공부 16년차란 말이 더더욱 우리를 우울하게 만들지만… 그래도 다시 한 번 도전해 봐야 겠지요.

적어도 영어로 꿈꿀 정도는 되야 영어공부 좀 했다고 할 것입니다.

for collaboration

for negotiation

for love

for interest

for understanding

for mutuality

여기에 저는 한 가지를 더 붙이고 싶습니다.

for survival…

자신이 살아남기 위해서…

영어는 이제 '기호'나 '선택'의 문제가 아닌, 생존의 문제인 것입니다.

DO
CREATE!

놀이와 참여로 스토리를 소비하게...

do

docreate

엉뚱한 상상이 더 필요한 세상.

반드시 제품은 완벽해야 한다는 편견을 버려봅시다!

소비자의 참여로 비로소 완성되는 제품이 있다면? 그것이 바로 가장 인간적인 디자인이 아닐까요? 지금 시대는 더이상 제품이 제공하는 1차적인 기능을 소비하는 시대가 아닙니다. 제품이 갖는 이미지나 스토리를 소비하는 상징 소비의 시대로 접어들었다고 합니다. 단순한 음료 하나를 마시더라도 우리는 2%의 부족함을 마시고, 산타페의 자유를 마십니다. 제품 하나를 만들더라도 소비자가 공감할 수 있는 '꺼리'를 내포해야 된다는 얘기입니다. 사람들은 단순히 제품의 소비에서 머무는 것이 아니라 제품에 참여하고 싶어합니다. '참여'를 즐기는 인터넷 'P세대'들에게는 더욱 그렇다고 생각합니다. 같은 카테고리 안의 제품간의 싸움이 아니라 고정관념과의 싸움이 시작된 것이란 생각입니다.

엉뚱한 상상이 더 필요한 세상

Do Create란 인터넷 사이트가 있습니다 (www.docreate.com).
이곳은 가구회사가 아닙니다. 어떤 제품이나 서비스를 제공하는 곳도 더더욱 아닙니다. 스스로의 생각과 꿈을 표현하고, 이러한 생각과 꿈들을 커뮤니케이션하는 공간입니다. 엉뚱한 발상, 색다른 아이디어나 느낌이 제시되는 곳입니다. 이러한 방법으로, 여기서 커뮤니케이션되고 공감을 얻어낸 아이디어나 생각은 제품이나 서비스로 발전할 수 있으며, 하나의 새로운 브랜드로 탄생할 수도 있는 것입니다. 보통의 경우 브랜드가 제품과 함께 태어나며, 사람들의 마음 속에 자리잡아가는 과정을 거치게 되는데, Do에선 그와 반대의 개념을 설정합니다. 즉, 마음 속의 생각들이 공유된 다음 제품으로, 혹은 브랜드로 발전하게 되는 과정인 것이지요. 일상 속에서 발견되는 사소한 생각들이나, 마음 속에서만 꿈꾸던 일들도 Do에선 제품이나 브랜드가 될 수 있는 것입니다. 유연한 사고와 적극적 발상이 전혀 다른 타입의 제품을 만들어 낼 수 있다는 생각. 바로 이것이 Do에서 우리가 배워야 할 'Create' 정신이라고 생각합니다. Do의 철학에 따라 Droog Design과 협력으로 각기 다른 디자이너에 의해 만들어진 15개의 제품들은 Milan에서 개최된 국제가구페어 2000에 출품되었습니다.

이 중 8개 품목─do scratch, do swing, do hit, do cut, do reincarnate, do frame, do

break and do shirt--은 제품화를 추진중인 상태라
고 합니다.

do add#1

Jurgen Bey가 생각한 의자입니다. 이 의자는 다른
평범한 의자들처럼 4개의 다리가 있습니다. 하지만
유독 한 개의 다리가 다른 것들에 비해 짧게 만들어
졌습니다. 여기에 책이나 잡지 등을 받쳐놓아야 비
로소 균형이 맞게 됩니다. 앉는 사람의 참여로 미니
도서관이 갖추어지는 동시에 의자로서의 기능적인
면이 완성되는 것이지요. 의자에 대한 친절한 설명
이나 부연이 없습니다. 단지 옆의 단순한 일러스트
레이션이 이 의자의 컨셉을 대신합니다. 이해가 안
되면 옆의 일련의 일러스트레이션을 자세히 참조해
봅시다. 뭔가 더해지고 첨가되야 제기능을 하는 의
자… 참 재미있습니다.

do add#2_ do creator: Jurgen Bey

이 의자 역시 평범하지 않은 모습입니다. 앉는 자리
가 옆으로 길어서 그냥두면 기울어질 게 뻔합니다.
밸런스를 유지하기 위해 앉는 사람은 창의적인 생
각을 해야 합니다. 사람이든 혹은 애완동물이든간
에 각자의 파트너와 함께 의자에 앉을 수 있는데,
여기에는 서로의 절대적인 신뢰가 필요하게 됩니
다. 누군가 먼저 갑자기 일어선다면 이 엉뚱한 기
능은 상실되기 때문입니다. 어렸을 때 의자에 앉으
려는 친구의 의자를 몰래 빼내던 기억이 있는 사람
들에겐 좋은 선물이 될 듯합니다.

do Hit_ do creator: Marijn van der Poll

이 의자(혹은 책꽂이, 혹은 기타 등)는 끝이 뭉뚝한 해머로 때리거나 충격을 가해야 비로소 디자인이 완성됩니다. 마음 속에 원하는 형태를 생각하고 용도에 따라 얇거나 깊은 홈(선택은 사용자에 달려 있습니다)을 만들면, 몇 분 혹은 몇 시간 후, 사용자는 'do Hit'의 공동디자이너가 되는 즐거움을 맞보게 됩니다. 보너스로 운동이 되는것은 물론이고… 북어처럼 때려야 제맛이 나는 게 또 있습니다.

do eat_do creator: Marti Guix

사과박스에서 나올 법한 이 커다란 플라스틱(Poly-styrene) 판의 용도는 그릇 대용입니다. 종류별로 제법 그럴 듯한 구색을 갖춘 이 디너세트를 위해 사람들이 준비해야 할 것은 가위 하나, 약간의 음식, 그리고 함께 식사할 친구나 가족입니다. 가족이 함께 오린다면 애들 공작시간은 필요 없을 듯. 그릇을 오려내는 시간과 노력을, 맛있는 식사를 위한 애피타이저 정도로 생각하면 그다지 번거롭지 않을 듯해 보입니다. 평상시에는 별반 필요가 없겠지만 휴가 때에는 폭발적 인기가 예상됩니다. 설거지하기 싫어하는 '귀차니스트'들은 눈여겨 볼 것을 권장합니다. 단점은 일회용이라서 환경부의 감시망을 피해서 사용해야 한다는 것. 아, 물론 상황에 따라서는 여러 번 재활용도 가능하다는…

do break_do creators:

Frank Tjepkema & Peter v.d. Jagt

Porcelain, rubber, silicone으로 만들어진 이것은 꽃
병이라는 점에서는 그다지 신기할 것이 없어 보입
니다. 하지만 부부싸움용으로는 그만입니다. 왜냐
구요? 꽃 병 표면에 크랙이 가게 만들어야 하기 때
문입니다. 때리든, 던지든, 어떤 방법을 사용할지는
구입한 사람의 옵션입니다. 표면은 포셀라인으로
돼있어 크랙이 생기지만 내부는 고무로 만들어져
절대 물이 새지 않는다고 합니다. 상사한테 무참히
깨진 다음이거나, 일진이 안 좋은데 말싸움까지 했
다면… 한 번 사용해 볼 것을 권장합니다. 스트레스
도 해소하면서 동시에 크랙이 생겨나기 때문에 던
지는 사람이 바로 이 병의 디자이너가 되는 것이지
요. 그야말로 일석이조입니다. 하지만… 파괴나 폭
력은 결코 만족스러운 것이 못되기 때문에 '후회'
라는 부작용이 우려되는 단점이 있습니다.

최근의 우리나라의 정치상황을 고려하면, 불티나게
팔릴 것 같습니다. 오퍼상을 하시는 분이라면 수입
을 고려해 보시길 바랍니다.

폐쇄성의 원리를 넘어

비상문
EXIT

획일성에 대한
유쾌한 반항.

기존의 생각과 관념의
문을 열고 나가라. EXIT

획일성에 대한 유쾌한 반항

어느덧 세상은 말과 글, 그리고 기호와 이미지의 홍수가 된 듯합니다. 거리를 조금만 걷다 보면 수많은 간판들이 보이고, 수많은 광고와 현수막, 안내판과 마주치게 됩니다. 대리운전 전화번호 숫자부터 운전학원 전단지, ○○나이트 클럽의 박찬호 웨이터 포스터까지 언어와 이미지가 넘쳐나고 있습니다. 심지어 주차장에서도 장애인 우선주차를 알리는 픽토그램이 바닥에 선명하게 새겨진 것을 볼 수 있습니다. 이러한 많은 언어와 이미지 중에는 사회의 동의하에 이미 하나의 '언어'처럼 사용되는 그림들이 있습니다. 바로 픽토그램이 그 중 하나입니다. 거의 모든 공공건물의 계단에 가면 쉽게 발견할 수 있는 것이 있는데, 바로 비상계단 출구를 보여주는 EXIT 픽토그램입니다. 굳이 비상계단이라는 말이 필요없어도 누구든지 이 픽토그램을 보면 비상구를 생각할 것입니다. 이것이 바로 '픽토그램'의 힘이라 생각합니다. 사람은 글보다 그림을 50배 빠르게 인지할 수 있다는 조사도 이런 사실을 뒷받침해 줍니다. 이미 이러한 픽토그램은 우리들에게 너무 익숙합니다. 하지만 이러한 익숙함에 문제를 제기하는 사람들은 별로 없을 것입니다. 공중화장실에 가면 어김없이 화장실 안내사인을 만날 수 있는데, 대부분 여자는 치마를 입은 빨간색의 픽토그램, 남자는 군청색의 픽토그램으로 처리돼 있습니다. 사람들은 이것을 보고 무의식적으로 화장실을 찾아갑니다. 물론 여기에도 아무런 문제가 없습니다. 하지만 조금만 더 깊이 생각해 봅시다. 왜? 이렇게 따지고 들 때 호기심이 생겨나기 때문입니다. 모두들 '그렇구나'하고 넘어가는 문제에 대해서도 '왜'라는 의문을 가져보는 것. 이러한 작은 의문에서 세상의 모든 발견은 시작되었다고 생각합니다. 이러한 관점에서 다시 비상구 픽토그램을 바라봅시다. 문을 열고 달려나가는 모습이 다르게 느껴지지 않습니까?

크리에이티브란, 상상력이란 이렇듯 '기존의 생각과 관념'의 문을 열고 나가야 만날 수 있는 것들입니다. 왜? 라는 질문과 호기심을 가질 때 비로소 스스로의 '닫힌' 문을 열고 생각의 비상구로 탈출할 수 있는 것입니다. 남들과 '똑같은 생각'에 '똥침(?)'이라도 놓아봅시다. 픽토그램은 반드시 그래야 한다는 상식, 그 획일성에 유쾌한 반격을 가해봅시다.

픽토그램도 하루를 심심해 하는 것 같습니다. 매일 같은 자리, 같은 포즈로 서 있는 것도 이젠 서서히 지겨울 듯⋯ 쇼생크 탈출처럼, 지금 이 픽토그램도 탈출을 꿈꾸는지 모릅니다.

원숭이 해를 맞이하여 일본에서 발행된 연하카드입니다. 일반 비상구와 별반 차이가 없어 보인다면, 시력검사를 받아보아야 할 것입니다. 찰랑거리는 꼬리, 귀가 그려진 머리로 사람을 원숭이로 변신시킨 디자이너의 재치가 느껴집니다. 화살표에도 일반 비상구에서 사용되는 EXIT란 단어가 써있는 것이 아니라 A HAPPY NEW YEAR 2004!라고 인쇄되어 있습니다. 원숭이 해에는 행복의 문을 열고 달려보자! 라는 메시지가 금방 전달되는 것 같습니다. 아주 작은 '차이' 지만 우리가 생각하는 획일적 픽토그램의 원형에 멋진 성형을 가했습니다. '작은 차이가 명품을 만든다' 라는 광고 카피가 생각나는 군요.

이것도 앞의 비상구 엽서와 마찬가지입니다. 일반적인 화장실 사인이 있고, 그 옆에 나란히 원숭이 픽토그램이 약간 머쓱한 듯 서 있습니다. 그렇담 원숭이 해에는 화장실이 세 개 있어야 된다는 결론… (원숭이가 호강하는것 같네요). 암튼 일상적이고 흔한 것, 누구에게나 통용되는 기호를 이 연하카드가 비틀어 놓았습니다. 이렇게 시각을 비틀어 놓으면 '상황' 자체가 낯설고 재미있게 됩니다. 낯설다는 것은 사람들의 마음 속에 갖고 있는 기억체계를 비틀어 놓는 결과를 가져옵니다. 다르면 한 번이라도 더 주의를 기울여 보게 되고, 사람들의 기억 속에 더 오래 저장됩니다. 우리가 낯선 나라로 여행갔을 때의 기억이 더 오래 남듯. 흔하고 일상적인 것들을 비틀어 봅시다. 같은 사물을 보더라도 때론 물구나무 서서 바라볼 필요가 있는 법입니다.

Peak Experiences사를 위한 화장실 사인.
Work Agency의 마크 볼리아(Mike Boulia)가 디자
인했습니다. 학창시절 '월장' 했던 기억이 떠오른다
면…그야말로 비행(飛行) 청소년입니다. 여기서 남,
녀 픽토그램은 기존의 화장실 사인에서 볼 수 있는
엄숙함이 없습니다. 화장실에만 서 있었던 것이 지
겨웠을까요?
화장실 벽을 넘는 것보다 크리에이티브의 벽을 뛰
어넘은 디자이너에게 박수를…

홍콩의 TBWA란 광고회사에서 만든 RFSU Condom
사의 콘돔 광고. Lavin Kwan이 그리고 디자인했습
니다. XL사이즈의 콘돔이라는 제품의 특징에서 출
발했습니다. 남자 픽토그램에 약간의 표현(?)을 가
미했습니다. 물론 여기에는 약간의 과장을 더했습
니다. 이런 과장은 광고적 허용이라고 했던가요? 과
장도 이렇게 재미있게 표현하면 밉지 않게 느껴집
니다. 제품의 특징을 극대화해서 표현한 크리에이
터의 예리함이 느껴지는군요. 아이디어는 어렵고
복잡하고, 생각을 쥐어짜야만 나오는 게 아닙니다
(그런데 아무리 과장이라고 조금은 지나치군요).

온라인 숍 americanas.com사의 광고. 도로교통표
지판의 소 픽토그램이 차의 엄청난 속도에 놀라 가
까스로 매달려 있습니다. '가장 빠른 인터넷 배달
서비스'란 카피에도 나와 있듯이 '빠른 배달'을 강
조하기 위해 픽토그램에 익살을 첨가했습니다. 이
광고를 보고 웃지 못하는 사람이 있다면? 그 사람은
아마도 경쟁사의 홍보 담당자일 것입니다.

폭스바겐(Volkswagen)자동차의 JETTA자동차 광고
입니다. 미국 플로리다에 소재한 del Rivero
Messianu DDB사의 작품. 앞의 americanas.com과
동일한 표현 방법입니다. 다만 소가 사람들로 대체
되었을 뿐…JETTA1.8Turbo의 빠른 주행성을 간접
적으로 보여주고 있습니다. 이 광고를 보고 있노라
면 우리나라 자동차 광고와 많은 차이를 느낍니다.
우리의 경우 대개의 자동차 광고는 폼생폼사란 생
각입니다. 잘 찍은(?)은 자동차가 반드시 화면 가득
그 위용을 당당하게 드러내야 합니다. 크리에이티
브가 발휘되기에는 광고주(자동차회사)의 고정관
념이 너무 강하다는 생각입니다. 자동차 광고는
'이래야 한다'라는 생각을 깨기는 쉽지 않을 듯합
니다. 이래서 세계의 자동차들과 경쟁이 될까요?

NICE BODY   JETTA 1.8 TURBO

폭스바겐(Volkswagen)자동차의 JETTA자동차 광고의 연작 시리즈입니다. 대개의 외국광고를 보면 시리즈 광고가 많습니다. 한 번 컨셉이 정해지면 쉽사리 바뀌지 않는다는 결론입니다. 그런 꾸준함이 결국 소비자 마인드에 브랜드를 형성하게 하는 힘이라 생각합니다. 계절이 바뀔 때마다 너무 쉽게 광고를 바꾸는 우리나라의 광고인들이 한 수 배워야 할 듯… 어쨋든 이 광고도 픽토그램을 사용했습니다. 이번에는 신호등이군요. 제타의 외관이 너무 뛰어나서 신호등의 픽토그램도 궁금함을 참지 못하고 밖을 바라본다. 우리가 새로 구입한 신발을 신고 다니면, 사람들 시선이 발에만 머무는 것 같은 착각을 하게 됩니다. 하물며 고가의 자동차를 산 경우에는 더욱 그러할 것입니다. 보여주고 싶은 사람들의 심리를 픽토그램을 통해 재미있게 표현하고 있습니다.

여기서 잠시,
물론 픽토그램은 많은 사람들이 그것을 보고 한눈에 무엇을 하는 것인지 파악할 수 있도록, 단순하고 쉽게 제작되어야 합니다. 그리고 픽토그램의 주 목적은 즉각적인 커뮤니케이션에 있습니다. 제가 위에서 얘기하고자한 것은 이러한 픽토그램의 용도를 바꾸자는 말이 아닙니다. 우리의 머리 속에 자리잡은 고정관념에 도전하자는 의미에서 픽토그램을 예시한 것입니다. 혹시, 오해가 있으실 것 같아서 코멘트를 남겨 놓습니다.

개꿈 꾸세요

개의 해는 온통 개판입니다. 꿈을 꿔도 개꿈입니다. 개 같은 세상이라고, 살기가 점점 더 힘들어진다고, 너무 비관하지 마세요. 애완견에서 맹인견까지 최근 사회적 관심사가 된 강북개에서 복제개 스너피까지 개는 항상 우리 곁에 존재해왔지만 상대적으로 좋은 평가를 받지 못했습니다. '개 같은' 이란 수식어가 붙으면 일단 뒤에 좋은 내용이 나올 리가 없습니다. 가장 심한 욕에서도 어김없이 개는 등장합니다. 개의 해에는 개의 긍정적인 모습을 기억해 보면 어떨까요? 개의 용기와 개의 민첩성, 멀리서 오는 향기를 맡을 줄 아는 후각과 작은 소리도 놓치지 않는 섬세한 귀, 그리고 무엇보다도 삶을 대하는 성실성과 진지함.

어쩌면 개만큼도 못한 것이 우리의 얄팍한 믿음일지 모릅니다.

당신은 누구에게 개처럼 헌신적이었던 때가 있었나요?

누군가의 냄새만으로도, 그 존재만으로도 충만하게 그렇게 행복했던 적이 있었나요?

외모만 화려한 돼지꿈을 기다리지 마세요.

거짓없는 개의 시선처럼 성실하고 정직한 꿈이 있다면 그것이 개꿈이라도 좋습니다.

오늘은 꼭 개꿈 꾸세요.

개의 용기를 닮은 꿈을 꾸세요.

그래서 안일하고 나약해지는 스스로의 마음을 추스리고

마음먹은 당신의 꿈을 향해 달려갈 수 있도록…

올해는 꼭 개꿈 꾸세요

사랑하는 사람의 냄새를 기억하고 감사할 수 있도록…

말로만 계획하지 않고, 행동으로 말할 수 있도록…

올해는 꼭 개꿈 꾸세요.

감동이 없는 많은 언어 대신에 묵묵히 들을 수 있는

넉넉한 마음을 가질 수 있도록…

당신이 꾸는 그런 건강한 꿈을 사랑합니다.

화려함 대신에 멀리가는 향기를 가진 당신의 서늘한 눈빛을 닮은 꿈을 사랑합니다. 운명이 아름다운 것은 거기에 대드는 인간이 있기 때문이라던 당신의 꿈을 향한 도전을 사랑합니다.

우리 몸은 70%의 물과
30%의 열정으로 구성되었다.

Dynamite

나는 시간을 이겨 낼 수 있는
서점 가치를 찾아다녔다.
바로 터무니 없는 것에서. → joan

Passion

우리 몸은 70%의 물과 30%의 열정으로 구성되어 있다

나의 마음도 다이어트가 필요하다!

《럭셔리 신드롬》이라는 책을 보면, '소유가 인격을 결정한다' 라는 말이 나옵니다. 내가 가진 것, 내 몸에 걸친 것들이 나를 말하고 표현해 준다는 얘기입니다. 지금의 세상을 보면 이해가 충분히 됩니다. 그래서 이른바 '명품' 에 대한 사람들의 집착은 이제 거의 '중독' 의 상태로까지 와 있는 것 같습니다.

지금은 분명 이미지의 경쟁시대입니다. 수없이 스쳐 지나가는 이미지 속에서 '스스로를 잘 표현하는 방법' 이 필요해진 것입니다. 그래야 도태되지 않고 살아남을 수 있습니다. 스스로를 포장하지 않으면 쉽게 눈에 띄지 않습니다. 그러다보니 점점 외형적인 아름다움을 향해서 인간의 본능이 진화하는 것 같습니다. 더 있어보이게 치장하기 위해서 '명품' 의 도움을 더 많이 받게 되는 것이 당연해졌습니다. 이런 상황에서 '얼굴만 예쁘다고 여자냐~ 마음이 고와야 여자지~' 라는 유행가 가사는 지나치게 순진해 보입니다.

'내면이 아름다운 사람이 정말 미인이다' 라는 말은 도덕교과서에 나오는 '교장선생님 말씀' 이라고 취급받기 십상입니다.

앞의 광고는 오스트레일리아에 있는 광고회사 VCD, Paddington에서 제작한 다이어트 코크의 광고입니다. 미모의 여인이 등장합니다. 한손엔 다이어트 코크를 들고 머리결을 휘날리며 환하게 웃고 있습니다. 하지만 그녀가 입고있는 드레스 부분을 오려내고 대신 거기에 광고 카피를 마치 하나의 섬유 패턴처럼 써 놓았습니다.

Inside me there's a fire fuelled by Passion. & a disco inferne. A joan of are ready to fight for her beliefs. And a Princess who isn't waiting for Prince charming. There's a mystery, an open book, a romance & a thriller. A Lion who will bite your head off, a kitten who wants to play & an Actor who deserve an Oscar There's Diva & a daydream believer. Hot Chillies & red hot lover. A shooting star. A stick of dynamite A sparkler. Well that's what's in me today.

내 속은

열정의 기름으로 타오르는 불이다

고뇌의 춤을 추고 있는 곳이다

신념을 위해 기꺼이 싸울 수 있는 쟌다르크다

동화 속의 공주지만 매력적인 왕자를 기다리지 않는다

내 속은

미스테리이며, 열려진 책이다

로맨스이며 스릴러다

내 속은

당신의 머리를 노리는 사자다

놀기를 좋아하는 어린 고양이다

내 속은

오스카 상을 받을 만한 배우가 자라며,

꿈의 존재를 믿는 디바가 있다

내 속은

매운 고추이며, 또 그만큼 뜨겁게 사랑할 줄 안다.

눈부시게 떠오르는 별이고,

다이너마이트이자 불꽃이다

이 모든 것이 오늘

내 안에 존재한다.

이제까지의 외형적으로 '잘빠진 모습'을 보여주었던 다이어트 콜라 광고와는 사뭇 다릅니다. love What's inside(내면에 있는 것을 사랑하라)란 슬로건으로 진행된 이 다이어트 코크 캠페인은 진정한 아름다움은 내면의 아름다움이라고 은유적으로 말하고 있습니다.

화려하고 멋진 드레스를 오려내고 거기에 마치 '사람의 속'을 보여주는 것처럼 글로 채웠습니다. 다이어트를 하는 목적은 아름다워지고 싶은 마음에 있습니다. 이 다이어트 코크 광고 한 편은 우린 과연 우리 내면의 아름다움을 위해서 '얼마만큼의 노력을 하고 있는가?'를 묻고 있습니다. 진정으로 다이어트를 해야 될 것은 우리의 '몸매'가 아니라 우리의 '마음' 이라고 얘기하고 있는 것입니다. 몸매가 엉망이 되는 것을 걱정하기 전에 우리의 내면이 엉망이 되는 것을 먼저 걱정하라는 것이죠. 앞에서 말한 '명품' 중독현상도 바로 외형만 보고 내면을 잘 바라보지 못하는 우리의 거울인 셈입니다.

머리가 '허' 하고, 마음이 '허' 하다 보니까 자연히 다른 것으로 보충을 하려 합니다. 내면의 배고픔을 화려함으로 덮어두려고 합니다. 그러면 그럴수록 더욱 더 외형에 집착하게 되는 것이지요. 콧대를 세우고, 가슴을 높입니다. 쌍꺼풀을 하고 지방을 제거합니다. 머리 끝에서 발끝까지, '소비' 가 주는 짜릿함으로 치장합니다. 하지만 그렇게 해서 과연 만족될까요?

우리가 기억해야할 것은 몇 번의 성형수술을 한 마이클 잭슨의 얼굴을 우린 아름답다고 느끼지 않는다는 것입니다. 그가 입고 다니는 한 벌에 수백만 원 하는 의상에서 우리는 그의 모습을 찾지 않습니다. 그의 노래 속에서 우린 마이클 잭슨의 '끼' 를 보았고, 그의 춤 속에서 우린 마이클 잭슨의 열정을 발견할 수 있었습니다. 그런 그의 노력과 열정이 '마이클 잭슨' 이라는 아름다운 인간을 만들고 있는 것입니다.

당신의 내면에는 어떤 아름다움이 채워져 있습니까?

얼굴의 콧대를 세우기 전에 먼저 마음의 콧대를 세웁시다. 가슴에 실리콘을 보충하기 전에 먼저 가슴을 열정으로 채웁시다. 아직 꿈의 존재를 믿는 '디바' 의 불꽃으로 채우고, 운명을 기다리는 신데렐라가 되기보다는 신념을 위해 기꺼이 싸우고 죽을 수 있는 쟌다르크가 됩시다.

그러면, 어느날 우연히 바라본 거울에서 나이에 따라 생겨나는 주름을 발견하는 것이 아니라 나이만큼 성장해가는 내면의 아름다움을 발견할 수 있을 것입니다.

그 사람의 발전을 가로막는 것은
텅 빈 주머니와 빈 머리가 아니라… 메마른 가슴이다_ 빈센트 필

상상력에
엔진을 달아라

The Sorry
Bouquet.

Agency
;Borders Perrin Norrander
Art Director;Kent Suter
Copywriter;Mike Ward
Photographer ;Michael Jones

Client;Columbia

014

PRINTED IN GREAT BRITAIN
AT THE PITMAN PRESS, BATH

세상에서 가장
아름다운 꽃다발은
마음입니다.

세상에서 가장 아름다운 꽃다발은 '마음' 입니다

사람의 마음을 끌어당기는 힘! 사람의 마음을 녹이는 옷!

미국 포틀랜드에 있는 광고회사 Borders Perrin Norrander에서 제작한 Columbia광고입니다. 콜럼비아는 오늘날 스포츠웨어 컴퍼니로 전세계에 알려져 있습니다. 지금은 세계 50여 개국에 12,000개에 이르는 판매대리점을 가진 콜롬비아지만, 시작은 1938년 '모자를 취급하는 작은 상점' 에서였다고 전해집니다. 지금의 브랜드 Columbia의 모태가 된 '콜럼비아 햇(Hat) 컴퍼니' 는 포틀랜드를 거점으로 독일로부터 수입해온 모자를 팔기 시작했습니다. 모자 공급자로 부터의 수급이 불안해지자 직접 모자를 생산하게 된 것이 지금의 Columbia를 만드는 계기가 된 것입니다. 어쨌든 스포츠웨어, 아웃도어웨어 분야에 모든 영향력을 집중해온 콜롬비아는 'Columbia Interchange System' 이라 부르는 그들만의 기술을 접목한 다양한 기능성 제품을 생산해오고 있습니다.

앞의 광고를 보면 한 사람의 손이 보입니다. '나는 꽤 오랫동안 사냥을 나갔었다' 란 글에서 이 사람이 지금 막 사냥에서 돌아오는 길이라는 것을 알 수 있습니다. 손을 보니 빨간색 탄피가 보이고, 탄피를 받침대 삼아서 들꽃이 꽂혀져 있습니다. '미안함의 꽃다발' 을 준비한 것입니다. 이쯤되면, 기다림에 지쳐 화가 났던 상대방의 마음도 금방 환해질 것 같습니다. 이 탄피 꽃다발 하나가 '백 번의 미안하다는 말' 보다 사람의 마음을 움직이는 데 훨씬 더 효과적일 것입니다. 만약 이 사람이 아무런 준비 없이 그냥 불쑥 나타났다면 어떤 일이 벌어졌을까요?… 아마 분위기가 금방 '험악' 해질 것입니다.

감동(感動)은 '느껴서 마음을 움직이게 하는 것' 이라는 뜻이라 알고 있습니다. 바로 '마음을 끌어당기는 힘' 을 의미합니다. 하지만, 감동을 주고 받기가 말처럼 쉬운 것이 아닙니다. 더욱이 상대방의 마음을 움직이게 하는 것처럼 어려운 일도 세상에 없는 듯합니다. 그래서 우리는 《설득의 심리학》도 배우고, 《대화의 기술》도 열심히 읽습니다. 바로 상대방의 마음을 어떻게든 움직여보기 위함입니다. 그렇지만, 이 '감동' 이라는 놈은 책에 기술된 것처럼 쉽게 표현되지 않습니다. 사람의 마음이 움직이는 것도 T.P.O(Time, Place, Occasion)에 따라 달라지기 때문입니다. 상황과 장소가 적당해도, '시간'이 맞춰주질 않으면 김빠지기 쉽습니다. 시간과 상황이 모두 따라준다 해도 장소가 협조해주지 않으면 또한 쉽게 감동을 주지 못합니다. 그리고 누구든지 쉽게 '예측가능한 결과'가 나타난다면 감동을 주기가 더욱 어렵겠지요. 그렇게 본다면 '살아'가고, '사랑'하기는 쉬운 일이 아닌 듯합니다.

Columbia의 탄피 꽃다발 광고는 '감동'을 주는 것이 그리 멀리 있지 않다는 것을 간접적으로 말해주고 있습니다.

위의 광고는 장기간의 야외생활에서도 훌륭히 '제몫을 한다'는 Columbia 아웃도어웨어의 우수성을 간접적으로 말하고 있습니다. 하지만 그것을 탄피 꽃다발을 만든 사람의 소박한 마음을 담아서 표현했기 때문에 광고처럼만은 보이지 않습니다. 사람의 마음을 담는 것. 이것처럼 쉽게 사람을 감동시킬 만한 것이 있을까요? 그러나, 또한 마음을 담아서 표현하는 것만큼 어려운 것도 또한 없습니다. 세상은 이미 의심이 더 많아진 터라, 사람의 마음을 그리 순수하게만 바라봐 주지 않습니다. 마음보다 말이 더 많아진 세상이라서, 쉽게 말하고, 쉽게 대합니다.

그러다보니 '감동'을 주고 받기가 더 어려워진 시대라 생각합니다.

감동이란 것은 '상품권'으로 거래되지 않습니다. 또한 겉보기에 화려한 선물에 있지도 않습니다. 자신이 처한 상황에서 자신이 할 수 있는 '최선의 마음'을 담아야 비로소 상대방의 마음을 열 수 있습니다. 마음이 열리면 통로가 생겨납니다. 서로 교감할 수 있는 마음의 통로! 이것이 마케팅에서 얘기하는 '진정한 커뮤니케이션이 아닐까' 하는 생각입니다. 얼마전 TV를 통해 방영되었던 박카스 광고를 보면 어머님을 위로하기 위해 아들이 춤추는 장면이 나옵니다. 어머님에겐 그런 아들의 응원이 가장 큰 선물이 되는 것입니다.

탄피 꽃다발은 그런 의미에서 잔잔한 감동을 주고 있습니다. 아무것도 가진 것이 없어도, 아무것도 준비된 것이 없다 해도 마음을 담은 '작은 표현'이야말로, 서로의 마음 속에 깔린 얼음을 깨는 역할을 해줍니다. 여기서, 남대문 리어커에서 파는 야전점퍼와 Columbia의 아웃도어웨어가 왜 다른지를 얘기해주고 있습니다.

얼마만큼 감동을 주고 또한 감동을 받고 살아가십니까?

예전에 인기리에 방영되었던 〈파리의 연인〉에 나오는 '촛불잔치'만이 감동은 아닙니다.

피아노를 치며 '사랑해도 될까요?'를 부르는 것만이 감동은 아닐 것입니다.

느끼게 하지 못하고, 움직이게 하지 못한다면… 당신은 제대로 표현하지 못하고 있는 것입니다. '마음을 담은 표현'이라면 얼어붙은 대동강물도 녹일 수 있듯이—

그에게… 그녀에게 지금 전화하세요.

그는 남자친구도, 아버님도, 선생님도 될 수 있습니다.

그녀는 여자친구일 수도, 이모님일 수도, 선배님일 수도 있습니다.

그리고… 마음 속에 있는 것을 솔직하게 말하세요.

마음을 담지 않으면, 표현하지 않으면 아무런 '감동'도 줄 수 없답니다.

연탄재 함부로 차지 마라!

넌 언제 남을 위해서 그토록 뜨거웠던 적이 있느냐?

라는 글을 한 번쯤 읽어 보셨으리라 생각됩니다.

그 뜨거운 마음이야말로 사람의 마음을 움직이는 강력한 힘이 되는 것이라 생각합니다.

THE
LITTLE
PRINCE

아주 간단해.
무엇이든 마음으로 보지 않으면
잘 보이질 않아.
정말 중요한 것은
눈에 보이지 않는 법이야.

이주 간단해.

무엇이든 마음으로 보지

않으면 잘 보이질 않아.

정말 중요한 것은

눈에 보이지 않는 법이야.

_〈어린 왕자〉 중에서

Now everyone can fly.
Buenos Aires - Sao Paulo for just $100.

GOL

컴퓨터에서
잠시 나와 보세요.

NOW
EVERYONE
CAN fly.

Agency
; Almap BBDO, Sao Paulo
Art Director; Cesar Finamori
Copywriter; Dulcidio Caldeira
Photographer; Vitor Amati
Illustrator ; Macacolandia

컴퓨터에서 잠시 나와보세요

얼마 전에 휴대전화를 잃어버린 적이 있었습니다.

처음 하루는 답답하기도 했고, 무엇보다 꼭 필요한 전화연락을 받지 못할까 봐 불안했습니다.

몇 가지 증후군이 나타났습니다. 진동이 울리는 것 같아 주머니를 뒤져보기도 하고, 주변에서 들리는 전화벨 소리를 내것인 듯 착각하기도 했습니다. 이틀째, 불안감은 여전했지만, 이상하게도 마음 한구석이 편해지는 것같았습니다. 마치, 그날 하루가 선물받은 휴일처럼 일상의 속도가 조금은 느리게 진행되는 느낌이 들었습니다. 3일을 채 못넘기고 새로운 휴대전화를 구입했지만, '누군가와 언제든지 소통이 가능한 상태'로의 복귀가 그다지 반갑지만은 않았습니다.

제러미 리프킨(Jeremy Rifkin)은 《소유의 종말》(원제_The Age of Access, 접속의 시대)이라는 책에서 '소유의 시대는 가고 접속의 시대가 왔다'고 얘기합니다. 휴대전화든, 메신저이든, 인터넷이든 우리는 접속을 통해서 여러 종류의 관계를 형성하고 또한 많은 정보를 교환합니다.

어쩌면 '얼마나 많은 사람과 정보에 접속할 수 있는가'가 그 사람의 능력을 표시하는 기준이 되고 있다는 생각입니다. 하루에 인터넷에 올라오는 정보량을 책으로 만들면 무려 24만 7천권이 넘는다고 합니다. 깊이를 강요하는 사회에서, 정보는 이렇게 우리 앞에서 '티라노사우루스'처럼 부피만 비대해져 갑니다. 그야말로 데이비드 셴크(David Shenk)가 말한 것처럼 '정보 스모그(Data Smog)' 속을 우린 불안하게 걷고 있다는 생각입니다. 하루로는 감당하기 힘든 많은 정보의 습득과 처리과정에서 우리가 컴퓨터에 의존하는 시간은 점점 더 길어갑니다.

우리는 70평생 가운데 14년을 TV 앞에서 살아가고, 이메일이나 광고성 우편물을 보는 데만 8개월의 시간을 소비한다고 합니다. 우리가 컴퓨터 앞에서 보내는 시간을 통계내 보면, 아마 친구나 가족들과 지내는 시간보다 훨씬 더 많을 거란 생각입니다. 밀그램(S. Milgram)은 감각의 과부하가 도시 스트레스의 근원적인 원인이라고 예견했습니다. 일상적 생활의 동선을 따라 끊임없이 쏟아지는 많은 자극 때문에 우리 감각은 점점 포화상태가 되어갑니다.

당신의 오늘 아침은 어떤 방식으로 세상에 접속했나요? 일어나면 무의식적으로 켜는 TV, 혹은 출근하자마자 부팅시키는 컴퓨터입니까? 아마, 데카르트가 지금 우리의 상황을 관찰한다면 '나는 접속한다. 고로 존재한다' 라는 명제를 만들었을 것입니다. TV가 등장했던 시절처럼, 디지털 기술의 발전은 우리에게 많은 환상을 갖게 했습니다. 그러나, 과연 우리는 그만큼 행복해지고 있는 것일까요? 최근, 모 통신회사가 내보냈던 기업광고 중의 한 대목이 생각납니다. '문자기능을 없애 주세요. 사랑하는 사람들이 다시 긴 연애편지를 쓰도록…'

잠시라도, TV나 컴퓨터를 꺼보면 어떨까요.

가능하다면 전화기의 배터리도 빼버리고… 문자로 대화하는 성급함 대신에, TV가 제공해주는 편집된 화면 대신에, 인터넷에 검색되는 자극적인 기사 대신에… 마음 속에 찜해둔 한 권의 책을 읽어보면 어떨까요.

오랫동안 방치해둔 만년필에 잉크를 채워 넣고, 한 통의 편지를 써보면 어떨까요.

먼지 내려앉은 자전거를 베란다에서 꺼내보고, 오래된 부엌가구에 시트지를 붙여보면 어떨까요.

문득 퇴근길에 춘천행 기차를 예매하고, 좀더 욕심을 내서 외도해상농원에 가는 유람선을 타보면 어떨까요.

이번에 보여드린 광고는 상파울루에 소재한 광고회사 Almap BBDO에서 제작한 GOL (GOL Linhas Aereas Intelligentes S.A.)항공사의 광고입니다.

언제든 세상에 접속 가능한 디지털 장비들을 갖추고 누에고치처럼 집안에 틀어박혀 있는 현상을 가리켜 미래학자 팝콘은 '디지털 코쿠닝' 이라 설명합니다. GOL 항공사는 누에고치처럼, 일상이라는 우리에 갇힌 사람들에게 낮은 목소리로 얘기합니다. 새장처럼 답답한 일상에서 벗어나, 당신이 꿈꿔왔던 것들을 해보라고… 속도를 강요하는 디지털 세상을 끄고, 얼굴에 부딪치는 바람의 숨결을 느껴보라고… 지금 당장 상파울루로 가는 비행기표를 예매하라고 귀뜸해 주는 것 같습니다(어쩌면 정말 중요한 것은 디지털과 아날로그를 가르는 '기술적 차이' 가 아니라, 우리가 인생을 바로 보는 '태도의 차이' 라고 생각해 봅니다. 어떤 태도로 일상을 대하느냐에 따라서, 정말 많은 것들이 바뀌어나갈 것이기 때문입니다).

햇볕이 좋습니다. 우리 몸도 광합성이 필요한 계절입니다.

Now everyone can fly.

POWER UP!!

BRAVERY COMPOUND

PLUS POWER

Courage content 500

500g

★ GOOD LUCK TO YOU ★

PLUS PHARMACEUTICAL COMPANY   © ARTBOX

<COMPONENT PARTS>

Courage----------300mg
Luck-------------100mg
Happiness--------100mg

<EFFECT>

Stress down, Spring happiness
Courage and power up!

★ GOOD LUCK TO YOU ★

© ARTBOX. MADE IN KOREA 1-1587

Voor Schetsen:

Para esbozo:

Für Skizzen:
Bleistift,
Reisskc
pastel.

For sketching:
pencil,
charcoal,
pastel.

Pour esquisse:
crayon,
fusain,
pastel.

⊏ 뉴턴적 패러다임
⟨ 에디슨적 패러다임

동기 300mg
행운 100mg
행복 100mg

Good Luck To
You☆

뉴턴적 패러다임 vs 에디슨적 패러다임

아이작 뉴턴(Issac Newton_1642~1727)은 자신의 인생을 해변가를 거니는 일로 비유했다고 합니다. 진리는 **이미 대양 속에 들어** 있으며, 그것들은 해변으로 밀려와 사람들에게 '**발견**' 된다는 것입니다.

"나는 대상을 앞에 두고 끊임없이 관찰하면서, 새벽의 어둠이 서서히 환한 빛으로 밝아오기까지 묵묵히 기다린다" 라는 말이 이러한 뉴턴의 생각을 잘 반영하고 있습니다.

뉴턴이 사과나무에서 사과가 떨어지는 것을 보고 만유인력의 법칙을 발견했다는 에피소드는 그 이야기의 진위여부를 떠나 우리에게 많은 것을 얘기해 주고 있습니다. 뉴턴 이전에도 사과나무에서 사과는 계속 떨어졌을 것입니다. 사람들은 그것을 당연하게 생각하고, 그 원리에 대해 심각하게 고민하지 않았을 것입니다. 그러한 자연현상을 많은 사람들이 그냥 지나쳐 왔습니다. 뉴턴에 이르러서야 비로소 사과는 인력의 법칙에 의해 밑으로 떨어지기 시작합니다. 같은 현상을 보더라도 거기서 새로운 생각을 유추해내는 사람, 같은 대상을 관찰해도 거기서 새로운 통찰을 발견해내는 사람, 이러한 사람이 '뉴턴적 패러다임' 의 사고를 하는 사람이라 생각합니다.

얼마전 시내의 한 대형서점 안에 있는 문구코너에 간 적이 있습니다.

새로운 디자인의 제품들이 많이 나와 있었습니다. 그 중에서 특히 옆 페이지의 박카스병을 패러디한 제품이 눈에 들어왔습니다. 이 제품의 이름은 일명 'PLUS POWER' 입니다. 완구용 비닐에 갈색 잉크를 넣고 박카스병 모양으로 납작하게 압착했습니다. 거기에 붙은 레이블이 참 재미있습니다. 뒷면에 성분표시를 보니까 용기 300mg, 행운 100mg, 행복 100mg이라고 함량이 표시되어 있습니다. 그래서 도합 500mg의 파워가 플러스된다는 얘기입니다.

효과 및 효능은 스트레스가 다운되고, 행복이 용솟음치며, 용기와 힘이 업(Up)된다고 인쇄되어 있군요. 이 정도 되면 이 제품을 사고 싶다는 충동이 강하게 일어날 겁니다. 재미도 재미지만, 발상이 참 기발하다는 생각이 듭니다. 아마 박카스를 한 번이라도 안 마셔본 사람은 없을 것입니다. 같이 박카스를 마시고, 같은 박카스 병을 본다 해도, 거기서 새로운 제품의 가능성을 '발견' 해 내고 그것을 제품개발과 연결시키는 사람이 바로 위에서 얘기한 '뉴턴적 패러다임' 을 실천하는 사람일 것입니다. 이 제품은 실제 박카스의 몇 배나 되는 가격으로 팔립니다. 바야흐로 '재미' 와 '체험' 도 디자인의 대상인 것입니다. 수능이 다가올수록, 지쳐가는 사람이 많아질수록, 더 많은 사람들이 이 'PLUS POWER' 가 주는 '행운' 과 '재미' 로 서로를 격려해 줄 것이라 생각합니다. 중요한 것은 세상은 언제나 용기와 행운, 힘을 필요로 한다는 것입니다. 그러므로 이 제품은 실제 박카스와 달리 유통기한이 없는 셈입니다.

일본 아오모리현에서 실제로 있었던 일화라고 합니다.
아오모리현은 일본에서 사과산지로 유명한 곳입니다. 어느해 태풍이 심하게 불어 대다수의 사과가 수확도 못한 채 떨어지게 되었습니다. 가을에 수확한 사과의 수가 현저하게 줄었겠지요. 과수원 주인은 여기서 재미있는 발상을 했습니다.
사과를 멋지게 포장한 다음 무려 10만 원에 가까운 가격으로 백화점에서 판매했습니다. 바로 시험을 앞둔 수험생을 타깃으로 한 것입니다. 태풍을 끄떡없이 견딘 사과이니 대학시험에도 떨어지지 않을 것이라는 사람들의 기대심리를 이용한 것이지요. 이 사과를 파는 것은 그냥 단순한 하나의 사과를 판매하는 게 아닐 것입니다. 그것은 사람들에게 '기대' 와 '희망' 을 판매한 것입니다. 결국 이 과수원 주인은 많은 돈을 벌 수 있었습니다.
뉴턴이 떨어지는 사과를 보고 만유인력의 법칙을 '발견' 했다면 이 과수원 주인은 떨어지지 않는 사과를 보고 새로운 시장의 가능성을 '발견' 한 것입니다.

뉴턴적 패러다임에서 '발견'이 핵심가치라면, 에디슨적 패러다임은 '필요에 의한 발명'으로 요약됩니다. 에디슨은 다 아시다시피 축음기와 백열전구, 타이프라이터, 영사기 등 이루 헤아리기도 힘든 많은 것을 발명했습니다. 그가 받은 특허만도 무려 1,300건이 넘습니다.

"현재의 시스템은 두뇌를 하나의 틀에 끼워 넣는다. 독창적인 사고가 길러질 수 **없다**"라는 말로 그는 학교교육의 문제점을 지적하기도 했습니다. 그로 인해 '소리'가 기록되었습니다. 그의 전구로 인해 세상이 좀더 밝아졌습니다. 뉴턴이 자연 속에서 '진실'을 밝혀냈다면, 에디슨은 사람의 마음 속에서 '필요'한 것들을 만들어 냈습니다.

지금은 디지털 혁명으로 일컬어지는 첨단시대에 살고 있습니다. 내가 아닌 아바타로 감정을 표현하고, 돈이 아닌 도토리로 하루를 살아가고 있는 시대입니다. 디지털 컨버전스 제품들이 속속 등장하고, 기업들은 하루가 멀다 하고 신제품을 시장에 내놓고 있습니다. 변화하는 사람들의 '마음'을 읽지 못하면, 더 이상 영속할 수 있는 기업은 없습니다.

뉴턴적 패러다임으로 시장에서 새로운 현상을 발견해야 하고, 에디슨적 패러다임으로 소비자의 새로운 니즈(Needs)를 만들어 내야 합니다.

도전하지 않으면, 패러다임을 바꾸지 않으면, 기회는 그냥 찾아와 주지 않습니다.

좌절금지_
실패는
경험일
뿐이

좌절금지 노트.

좌절금지!, 실패는 경험일 뿐이다

'좌절금지' 라는 표현을 보신 적이 있습니까?

대개 광고대행사의 회의실에 가보면 문에 하나씩 붙여져 있는 말입니다. 아이디어를 생각하다보면 제대로 정리가 안될 때가 있습니다. 그때부터 서서히 불안해지기 시작합니다. 그러다 보면 어느 순간에는 머리 속이 온통 하얘지며 아무 생각도 떠오르지 않게 됩니다. 그럴 때, 마치 졸음을 깨우는 커피 한 잔처럼 스스로를 위로해 주는 말이 바로 이 '좌절금지' 란 표현입니다. 좌절은 정확히 용기의 반대편에 있는 단어입니다. 좌절은 사람들의 용기를, 에너지를 방해하는 '수맥' 같은 녀석이지요. 세상에는 흡연금지, 수영금지, 입장금지… 등 수많은 금지들이 존재합니다. 해야 될 것과 하지 말아야 될 것의 구분인 셈입니다. 하지 말라고 하면 더 하고 싶은 게 사람의 심정이라서 그럴까요? 일단 이런 표현을 접하게 되면 대부분의 사람들은 그리 기분이 좋질 않을 겁니다. 하지만 이 '좌절금지' 란 표현만큼은 반대로 사람을 기분 좋게 만들어 줍니다. 그래, 다시 한 번 해 보지 뭐. 이런 마음을 갖게 하는 힘이 있습니다.

우리는 보통 실패를 '당하다' 는 표현을 많이 사용합니다. 이 표현대로라면 실패는 그야말로 패배를 의미합니다. 즉, 실패를 대하는 태도가 수동적이 됩니다. 패배는 자신이 받아들여야할 운명적인 관계가 형성되는 셈입니다. 그러나 실패를 '경험하다' 라고 말하는 순간 실패는 스스로의 '경험' 으로 받아들여지게 됩니다. 패배도 하나의 소중한 자산이 되는 것이지요.

여기서는 패배를 대하는 태도가 능동적으로 변합니다. 바로 긍정적인 패배인 것입니다. 즉, 패배는 승리의 과정이 되는 것은 물론 승리의 첨가물이 되는 것이지요.

실패는 하나의 경험일 뿐입니다.

'나의 실패도 국가적 자산이다' 라는 글을 읽은 적이 있습니다. 이런 배짱이라면 패배란 것은 아무것도 아닌 셈입니다. 아니, 오히려 소중한 자산이 되는 것입니다.

열 번 찍어 안 넘어가는 나무라면 열한 번 찍어야 되는 것입니다. 대개는 한두 번 찍다가 포기하고 맙니다. 혹시 되는 일이 없다거나, 하긴 하는데 결과가 보이지 않는다면… '좌절금지' 모드로 스스로를 전환시킨 다음에 **한 번**만 더 찍어봅시다. 분명 지금의 시도가 아홉 번째 일지도 모르니까요.

실패를 두려워하지 마십시오.

당신이 시도조차 하지 않아 사라지고 마는 그만큼의 기회에 대해서나 걱정하십시오.

Don't Be Afraid To Fall

실패를 두려워하지 마세요.

당신은 아마도 잘 기억하지 못하겠지만 당신은 지금까지 여러 번 실패를 경험해 왔습니다.

세상에 태어나 서툰 걸음걸이를 시작했을 때 당신은 처음으로 넘어졌습니다.

수영을 배우기 시작했을 때 당신은 물을 먹고 허둥댔겠지요.

처음 야구배트를 휘둘렀을 때 당신은 공을 잘 맞출 수 있었습니까.

우리가 강타자라 부르는 사람들, 그들은 홈런을 제일 많이 치기도 하지만 또한 가장 많은 스트라이크 아웃을 기록했습니다.

R. H. Macy(매시)라는 사람은 7번의 실패를 경험한 뒤에 뉴욕에 그의 스토어를 성공시킬 수 있었습니다. 영국의 소설가 존 크레시(John Creasey)는 564권의 책을 출판하기 이전에 753번의 거절 편지를 받았습니다. 베이브 루스(Babe Ruth)는 1,330번 스트라이크 아웃을 경험했지만 714번의 홈런을 때렸습니다.

실패를 두려워하지 마십시오.

당신이 시도조차 하지 않아 사라지고 마는 그만큼의 기회에 대해서나 걱정하십시오.

_ 1981. 10. United Technologies Co.의 광고 캠페인

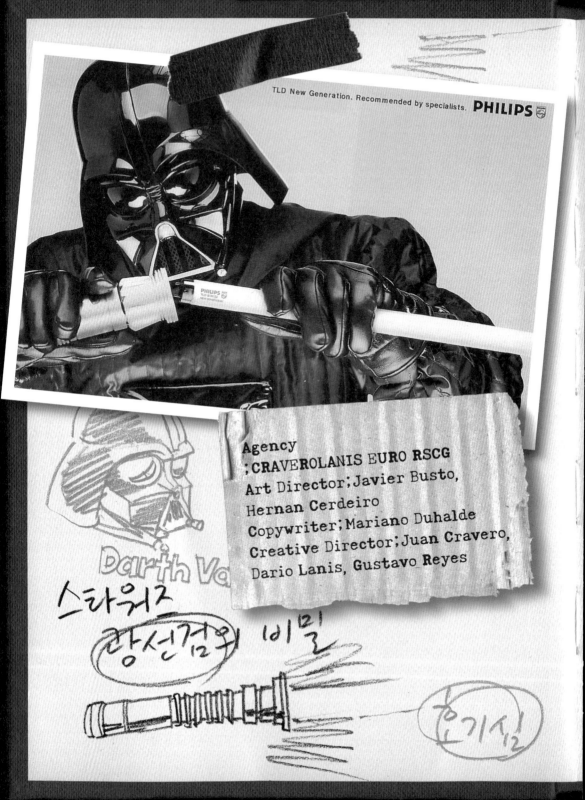

〈스타워즈〉 광선검의 비밀

영화 〈스타워즈〉를 모르시는 분은 아마 없을 것입니다.

무려 28년 동안 6부작 시리즈로 만들어진 〈스타워즈〉는 SF영화의 신기원을 이룩했다는 평가를 받아왔습니다. 1977년 〈스타워즈 에피소드4_새로운 희망〉을 시작으로 2005년 〈스타워즈 에피소드3_시스의 복수편〉에 이르기까지 스타워즈는 전세계적으로 수많은 매니아를 탄생시키며 이후 많은 SF영화의 탄생에 지대한 영향력을 행사하게 됩니다. 영화의 흥행은 물론이고, 영화에 등장하는 로봇 C-3PO와 R2-D2콤비, 요다, 다스베이더 등의 캐릭터와 광선검의 상품화는 영화 못지않은 수익을 가져다주었습니다.

전세계적으로 선풍적인 인기를 누렸던 이 〈스타워즈〉란 영화의 감독은 이제는 우리에게 너무도 익숙한 이름인 조지 루카스 감독입니다. 조지 루카스 감독은 대학시절 때 이미 영화 〈스타워즈〉에 대한 스토리 구상을 갖고 있었다고 전해집니다. 그리고 그의 SF영화에 대한 관심은 〈THX-1138〉이라는 실험적인 졸업작품 영화에도 잘 드러납니다. 이후 조지 루카스는 청춘영화의 전형이 되다시피한 〈아메리칸 그래피티〉를 만들어 흥행에 성공하게 됩니다. 이것을 발판으로 조지 루카스는 〈20세기 폭스〉로부터 그가 대학시절에 썼던 이 우주전쟁의 이야기를 영화화할 수 있는 기회를 갖게 됩니다. 하지만 그가 만든 이 우주전쟁 이야기의 성공을 믿는 사람은 거의 없었다고 합니다. 심지어 영화사인 〈20세기 폭스〉도 이 영화의 성공에 대단히 회의적이었습니다. 그러다보니 영화사로부터의 제작비 지원만으로는 영화를 제대로 만들 수 없었고, 결국 조지 루카스는 자비를 털어 영화를 완성시키게 됩니다. 영화가 완성될 무렵, 그는 파산 직전의 상황에 처하게 되고, 계속되는 빚 독촉에 시달려야만 했습니다. 흥행실패를 예상했던 영화사에서는 전국개봉 대신에 단지 20여 개 극장에서만 영화상영을 결정하게 되었고, 조지 루카스는 이러한 사실을 애써 잊고자 다른 작업에 몰두하게 됩니다.

이제, 한 사람의 대학시절의 '치기어린 상상력'에 기반을 둔 이 우주전쟁 영화는 실패할 일만 남은 듯했습니다.

영화가 개봉되고, 극장을 찾은 조지 루카스는 극장 앞에서 감춰 두었던 눈물을 흘리고

맙니다. 끝이 보이지 않을 정도로 길게 늘어선 관객들… 결국 스타워즈는 영화 〈조스〉의
흥행기록을 깨고 역대 흥행성적 1위에 오르게 되었고, 이전까지 할리우드 액션영화의
패러다임을 서부극에서 SF로 바꾸어 놓는 계기를 마련합니다. 이 영화가 사람들의 절대
적인 지지를 얻을 수 있었던 것은, 이제까지 볼 수 없었던 영상 '특수효과' 때문만은 아
닐 것입니다. 조지 루카스는 이 영화에서 자신의 상상력을 현실로 보여주었습니다. 대학
노트에 잠들어 있던 자신의 대학시절 꿈을 실현시켜 보여준 것입니다. 저는 여기서 스타
워즈 영화 자체의 완성도를 놓고 조지 루카스에 대해 말씀드리는 것은 아닙니다. 영화가
잘 만들어졌는지, 혹은 그렇지 않은지는 영화를 보신 많은 분들의 판단이 더 정확할 것
이라 생각합니다. 단지 제가 말씀드리고 싶은 것은 그가 자신의 생각을 '실천하는 방법'
에 있습니다. 모두들 실패를 예상했을 때도, 스스로의 신념과 에너지로 자신을 밀고 나
가는 그의 이러한 '태도'는 많은 것을 생각하게 합니다. 모두가 불가능이라고 말할 때…
묵묵히 자신의 가능성을 믿고 도전하는 사람들에 의해서… 위대한 역사는 탄생됩니다.

이번에 보여드릴 상상력은 필립스 광고입니다. 이미지를 보면 〈스타워즈〉의 기계인간
다스베이더가 등장합니다. 여기서… 비로소 우리가 그토록 궁금했었던 스타워즈 영화
의 비밀병기인 광선검의 실체가 밝혀지는 순간입니다. 영화에서 대단한 위력을 발휘했
던 광선검이 필립스에서 만드는 형광등이었다니… 이 광고를 만든 사람들의 기지와 상
상력에 그만 웃음이 나옵니다. 이 광고를 보고 웃고 있을 조지 루카스 감독의 모습이 상
상되는군요. 조지 루카스의 상상력에 버금갈 만한 재치와 유머가 돋보입니다. 천연덕스
럽게 광선검을 돌려 전구를 갈고 있는 다스베이더의 모습과 표정에서, 악당이라기보다
는 차라리 호기심 많은 소년처럼 귀엽게 보입니다.
이 광고는 뉴욕 페스티벌에서 동상을 받았습니다. 누구라도 한 번쯤 궁금했지만, 그냥
넘겨버렸던 호기심을 이 광고는 놓치지 않았습니다. 같은 영화를 보더라도, 다른 생각을
발견할 수 있는 것… 같은 장면을 보더라도 어린아이 같은 호기심을 잃지 않는 것… 이
것이 상상력의 힘이라고 생각합니다. 이러한 호기심의 차이가 요나를 만들고, 제다이 기
사를 만들고, R2-D2 로봇 콤비를 만들고, 필립스 형광등 광고를 만드는 상상력의 밑거름
이 됩니다. 호기심이 적으면, 상대적으로 관심이 적어질 수밖에 없습니다. 관심이 없으
면, 바라보는 모든 것이 무미건조해질 수밖에 없습니다. 오늘의 일상이 따분하다면… 당

신은 후천성 호기심 결핍증의 초기증상입니다. 이 후천성 호기심 결핍증은 사람의 상상력에 면역을 가져옵니다.

오늘은 학창시절… 푸르렀던 당신의 상상력을 한 번 꺼내보시면 어떨까요?

CHAPTER · THREE
희망의 힘, 긍정의 힘,
상상의 힘!

Fortunately, every day comes with an evening.

Fortunately, every day comes with an evening.

Fortunately, every day comes with an evening.

Agency;Fallon McElligott
Art Director;Tom Lichtenheld
Copywriter;John Stingley
Photographer;Jim Arndt

그래도 저녁은 찾아오고,
내일은 내일의 해가 뜬다.
\~가운넵시다!

그래도 저녁은 찾아오고,
내일은 내일의 해가 뜬다

미국 미네소타주의 미니애폴리스에 소재한 광고회사 Fallon McElligott에서 제작한 원저 캐내디언 광고입니다(1990~1991). 그림을 자세히 보면, 저절로 웃음이 나옵니다. 폐 타이어를 가득 실은 트럭이 보입니다. 그런데 차가 한 쪽이 기울어져 있는 걸로 봐서 펑크가 난 듯합니다. 운전수는 내려서 주변을 둘러보며 도움 줄 사람을 찾고 있습니다. 펑크가 나는 바람에 쌓여 있던 폐 타이어 하나가 떨어져 있는 모습이 가뜩이나 심란한 운전수의 마음을 대변하는 듯합니다. 하필이면 '폐 타이어가 가득한 트럭에서 펑크가 나는' 이런 재미있는 상황연출에 우리는 무릎을 치게됩니다. 이쯤에서 사람들은 운전수의 막막한 심정과 공감대가 형성됩니다. 안 돼 보이기도 하고, 한편으로 재미있기도 합니다. 특히, 도로 한가운데서 지금과 같은 경험을 해본 사람이라면, 이런 상황이 그냥 남의 일처럼 보이지 않을 겁니다. 바로 밑 단, 한 줄의 카피가 이 모든 상황을 간단히 정리해버립니다. '다행스럽게도, 매일 저녁이 찾아옵니다.(Fortunately, every day comes with an evening)'

옆의 광고를 보면 더 기가 막힙니다. 도로의 시멘트를 정성스럽게 바르고 있는 인부가 보입니다. 상황을 보아하니 거의 마무리 단계인 듯합니다. 순간, 어디서 개가 한 마리 나타나 방금 바른 시멘트 위에 촘촘히 발자국을 내놓습니다. 그리고 놀라서 참담해 하는 인부를 천연덕스럽게 바라봅니다. 개의 그런 표정과 인부의 시선이 마주친 순간, 인부의 한숨이 들리는 듯합니다. 사람이라면 고함이라도 한 번 지르겠지만, 범행의 당사자는 '어떻게 할 수 있는' 상대가 아니니 더 화가 날 듯합니다.
그러나…, 정말 어김없이 저녁이 찾아오고, 이런 짜증나는 순간을 안주삼아 술 한 잔 할수 있는 시간이 있다는 것이 얼마나 다행이겠습니까?

마지막 광고도 마찬가지입니다. 손수레에 엄청난 짐을 싣고 가는 인부의 모습이 참 안타깝습니다. 곧 박스가 무너져 내리거나, 박스의 무게를 인부가 더 이상 버틸 수 없는 상황이 벌어질 것 같습니다. 등줄기를 타고 땀이 비오듯 흘러내리고, 주변엔 도와줄 만한 사람은 그림자도 보이지가 않는군요. 그렇다고 여기서 하던 일을 중단할 수 있는 것도 아닙니다.

윈저캐내디언광고는 이렇듯 누구든지 한 번은 겪었을 만한 상황을 유머러스하게 포착하고 있습니다. 그래서 더 공감이 가고, 그런 막막한 상황이 마치 자신의 일인 것처럼 느껴지게 만들고 있습니다. 광고의 사진에서는 막막함, 답답함, 힘겨움… 등 있을 법한 상황들의 현실을 모노톤으로 보여줍니다. 바로 밑에서는 그런 문제에 대한 '해소' 내지 '위안'을 낮은 목소리로 귀뜸해 주고 있습니다. 사람들의 심리를 자극하는, 참기 힘든 유혹이라 생각합니다. 가뜩이나 걱정많고 골치거리 투성이인 일상을 '툭툭' 털어버리고, 정말 술 한 잔하고 싶게 만듭니다. 마지막의 카피 한 줄은 문득, 잊혀진 친구에게 전화하라고 속삭이는 듯합니다.

'야, 오늘 술 한 잔하자!, 뭐 세상사는 것이 다 그렇지 뭐…'

어느 조사결과를 보면 사람들이 하고 있는 걱정거리의 80% 정도가 아직 일어나지도 않은 일이거나, 걱정해서 '해결될 수 없는 일'에 관한 걱정이라 합니다. 실제 발생된 일에 대한 걱정은 20%도 채 안된다고 합니다. 그러다 보니 걱정이 또다른 걱정을 만들고, 작은 고민이 점점 더 커지게 됩니다. 그렇다면 우리는, 스스로 걱정을 만들어 가고 있는 셈입니다. 아니, 어쩌면 사는 것 자체가 걱정일 겁니다.

오늘 하루 어떻게 보내고 계십니까?

아침부터 '상사'로부터 심하게 깨졌습니까?

아님, 지갑을 버스에 놓고 내리셨나요?

엄마로부터 '시집이나 가'란 소리를 또 들으셨다구요?

남자친구가 느닷없이 '살 좀 빼라'는 치명적인 얘길 감히 했다구요?

그러나… 어떻게하겠습니까?… 원래 이런 모습이 나 자신인데…

오늘 저녁, 삼겹살에 소주 한 잔 어떠세요?

어차피 걱정해서 해결될 일이 아니라면, 더 이상 마음만 상하게 하지 말고 깨끗하게 잊어버립시다. 내일 아침, 속이 쓰릴 것 생각하는 것도 걱정일 것입니다. 그냥 아무것도 생각하지 말고… '나를 위하여~' 한 잔합시다. 오늘 하루쯤은 지친 자신에게 온전히 투자합시다. 걱정만으로 해결될 일은 한 가지도 없으니까요.

〈사노라면〉이라는 구전가요 아시죠? 그 노래가사처럼, '사노라면 언젠가는 좋은 날'이 반드시 올 겁니다. 새파랗게 젊다는 게 한 밑천인데… **째째하게 굴지 말고**, 가슴을 **쫙** 폅시다! 비가 새는 작은 방에 새우잠을 잔대도 **꿈만은 고래만큼 크게** 꾸시길 바랍니다. 영화 〈바람과 함께 사라지다〉에서 스칼렛이 마지막으로 한 말이 생각나네요.

'내일은 내일의 해가 뜰거야…'

내일은 내일의 해가 뜹니다. 여러분, 화이팅!

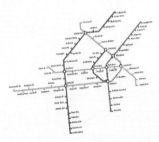

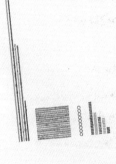

BISLEY
Perfectly organised

BISLEY
Perfectly organised

Client;BISLEY
Agency;Kolle Rebbe, Hamburg
Art Director
;James CeCruickshank
Copywriter;Klaus Huber

나의 일도,
나의 하루도
정리 정돈이 필요하당

나의 일도, 나의 하루도
정리정돈이 필요하다
정리정돈의 힘!, 비슬리의 시스템 퍼니처

위의 광고는 Hamburg에 소재한 광고회사 Kolle Rebbe에서 만든 비슬리(Bisley)사의 광고입니다. 비슬리(Bisley)는 철제 사무용 가구를 전문적으로 만드는 회사로 잘 알려져 있습니다. 책장에서부터 사무실의 캐비닛, 개인 사물함에 이르기까지 다양한 시스템 사무가구를 생산하며, 영국에 본사를 두고 있습니다. 비슬리 가구 시스템의 제품특징은 '완벽하게 정돈된 작업공간' 이라는 그들의 철학적 배경에서 찾을 수 있습니다.

다시 광고로 돌아가보겠습니다. 왼쪽에는 지하철 노선표가 나와 있습니다. 각 호선별로 다소 복잡하게 보이는 이 그림을 분해하여 정리해보니 오른쪽 그림처럼 일목요연해집니다. 구부러진 노선을 펴서 모아놓고, 역이름도 알파벳 순서에 따라 차곡차곡 분류해 놓았습니다. 이제 이것들을 잘 접어서 밑의 서랍에 넣으면 아주 쉽게 정리가 될 듯합니다.

밑의 광고도 마찬가지입니다. 이번에 정리해야 될 것은 13시 34분을 나타내고 있는 디지털 시계의 숫자입니다. 이것을 분류해 정리해보니 엄청나게 단순해졌습니다. 마치 수건을 잘 개서 쌓아 놓은 듯합니다. 이것 역시 이제 밑의 캐비닛에 잘 넣어두기만 하면 정리가 끝날 것 같습니다. 이 광고의 소재는 우리의 일상과 궤도를 같이하는 것들입니다. 여기서 지하철 노선표는 단순한 지도가 아니라 우리 생활의 단면을 그대로 보는 듯합니다. 얽히고 설킨 복잡한 선들이 정리정돈에 민감하지 못한 우리들 머리 속 같기도 합니다. 시계도 마찬가지란 생각입니다. 제대로 계획하지 못하고, 정리하지 못하는 우리의 하루를 보여주는 것 같습니다. 어렸을 때 계획표를 안 그려보신 분은 아마 없을 겁니다. 동그랗게 그려놓고 기상시간에서부터 취침시간까지를 그려넣어 보면 하루가 의외로 단순하게 보였던 기억이 납니다. 해야 할 일과 목표가 명백하게 드러납니다.

언제부턴가 우리는 정리정돈을 잊고 살아온 것 같습니다.

'시간경영' 이라는 말에서도 나타나듯이 우리의 일과를 정리정돈하지 않으면 그때부터, 우리는 바빠지기 시작할 것입니다. 머리 속에 존재하는 여러 계획들이 오버랩되면서 일의 순서가 엉키기 시작합니다. 마음은 바쁜데, 머리와 손과 발이 이를 쉽게 따라주지 않습니다. 그러다보면 한가해지는 시간을 찾기는 쉽지 않습니다. 정작 자신이 해야 될 중요한 일이 발등에 떨어진 바쁜 일에 밀려 실행도 해보지 못하게 되는 것이죠. 다국적기업의 CEO로 상징되는 '골드칼라' 는 하루 일과를 '분' 단위, 심지어 '초' 단위까지 나눠서 계획한다고 들었습니다. 그만큼 그들에겐 시간은 바로 '돈' 이고 '자산' 인 것입니다.

지금 이 글을 읽는 순간부터라도 허술하게 숭숭 구멍나 있는 우리의 상태를 한 번 점검해 봅시다. 아무리 복잡한 상황이나, 공간이라도 그것을 원칙에 따라 잘 분류해 보면 의외로 정리가 쉽게 되는 것을 발견할 수 있습니다. 저는 복잡한 상황이 닥치면 그것을 머리에 남겨두질 않고 종이에 차례로 적어봅니다. 그리고 당장 지금 해야 할 일과 다음에 해야 할 일의 순서를 정합니다. 그리고 한 일에 밑줄을 쳐나갑니다. 그러면 어느덧 내가 지금 해야 될 모든 일들에 밑 줄이 쳐져 있는 것을 발견하게 됩니다. 여러분 혹시 지금 자신의 주변을 한 번 둘러보세요. 책상 위나, 옆을 보면… 많은 것들이 보일 것입니다. 정리가 안 되고 흐트러져 보인다면, 그 보이는 대로의 상태가 지금 자신의 마음입니다. 지금 자신의 시간계획을 한 번 점검해 보세요. 계획이 있든 없든, 바쁘든 한가하든 그것이 그대로 지금 자신의 시간상태인 것입니다. 시간 뿐만 아닙니다. 제가 하는 '광고' 과정도 정리정돈의 과정이 아닌가 하는 생각입니다. 생각이 잘 정리정돈되어야 광고의 컨셉이 명백해지고, 디자인이 정리정돈이 잘 되어야 잘 만든 광고 한 편이 태어납니다. '카피(광고 문안)' 도 마찬가지입니다. 카피가 정리정돈이 제대로 돼야 소비자가 혼동없이 받아들이고, 감정이 정리정돈 되어서 실려 있어야 타깃을 설득할 수 있습니다.

디자인에서는 정리정돈이 더욱 중요합니다. 야구에서는 마무리 전문투수가 있습니다. 경기의 승패를 결정짓는 중요한 임무를 띠고 마운드에 들어섭니다. 그래서 구원투수라고도 불립니다. 야구에서 이 구원투수의 역할이 디자인에서는 정리정돈인 것입니다. 마무리가 잘 돼야 디테일이 살아 숨쉬게 됩니다. 디테일이 보여야 저는 제대로 된 디자인이라 생각합니다. 마음 깊숙이 침잠해 들어가서, 고민하고 정리하고, 스스로 만족할 때까지 물고 늘어지는 것— 이것이 바로 디테일(Detail)로 표현됩니다. 그리고 이런 디테일은 분명 다른 사람에게도 전해집니다. 자기 스스로도 명백해지지 않으면 아무도 설득할 수 없습니다.

나의 일과, 나의 하루를 한 번 돌아봅시다.
분명 조용히 흐르는 전기처럼, 어느 곳에서 버려지는 시간들과 쓸데없는 일들이 나의 하루에서 조용히 소모되고 있을 겁니다. MSN이나 NATE로 지나치게 수다를 떨거나, 한자리에 오래 앉아 있지 못하고 서성이고 있다면… 당신의 일상도 정리정돈이 필요합니다. 비슬리의 광고처럼 말이죠… 몽땅 뜯어서 원칙에 따라 체계적으로 정리해 보세요. 원칙이 없다면 정리정돈은 의미가 없습니다. 원칙과 기준에 맞게 우리의 시간, 우리의 생각을 정리정돈해 봅시다.

'배우려 해도 시간이 없다는 자는, 시간이 있다 해도 배우지 못한다' 라는 상투적인 격언이…
오늘따라 마음 속에 여운으로 남습니다.
한가할 때를 기다리면 아무것도 하지 못합니다.
정말 한가한 시간은 어느 때도 없기 때문입니다.

Agency
;DDB Worldwide, Hongkong
Creative Director_CC Tang
Art Director & Copywriter
;Paul Chan, Steve wong
Illustrator_Tom Lau

선택과
집중!

자동차를 비행기로
만드는 방법.

W Golf R32-JET

자동차를 비행기로 만드는 방법!

Volkswagon Golf R32-Jet

런던 국제광고디자인상 인쇄광고 부문 아트디렉션 수상작(2003)

홍콩에 있는 DDB Worldwide에서 만든 폭스바겐 골프 R32-Jet의 광고입니다.

얼핏 보면, 자동차 1대가 정면을 향하고, 나머지 2대는 측면을 보여주는 일반적인 광고 같지만, 조금만 더 집중해서 본다면… 자동차가 아닌 비행기가 보일 것입니다. 측면의 자동차의 반사면이 날개의 역할을 해주고 자동차 바퀴는 비행기 날개에 달려 있는 동그란 엔진처럼 보입니다. 비행기처럼 빠른 자동차란 컨셉을 비교적 빠르게 전달하고 있습니다. 물론 비행기와 자동차는 속도 면에서 비교가 안 됩니다. 그러나 위의 광고는 이 두 가지를 비교하게 만들고 있습니다. 아무리 자동차가 빠르더라도 비행기를 따라잡을 수는 없겠지요. 소비자도 이것을 모르는 사람은 없을 것입니다. 하지만 이 광고를 보는 소비자들은 여기서 재미를 느낄 수 있을 겁니다. 폭스바겐의 이런 '넉살'이 밉지 않게 느껴질 것입니다. 일단 소비자의 마음 속에는 비행기와의 대비를 보여준 폭스바겐 광고가 제대로 기억될 것입니다. 여기서 "폭스바겐 골프는 비행기처럼 빠릅니다"라는 카피가 들어갔다면, 비주얼의 대비에서 보여준 메시지는 금방 힘을 잃고 말 것입니다. 오히려 아무런 카피없이 비주얼의 표현만으로 하고싶은 얘기를 절제하고 있습니다.

여기서 우리의 자동차 광고를 한 번 볼까요?

상대적으로 우리의 자동차 광고는 힘이 너무 많이 들어가 있습니다. 너무도 할 얘기들이 많아서 오히려 눈에 쉽게 들어오지 않습니다. 생각해 보세요… 우린 누가 한꺼번에 던진 여러 개의 동전을 동시에 잡을 수 없습니다. 아니 오히려 하나를 잡기도 어렵습니다. 그런데, '이 자동차는 성능도 좋고 안전도 뛰어나며, 디자인도 좋고 승차감도 훌륭하다'라는 식의 메시지를 소비자들이 얼마나 잘 받을 수 있을까요?

광고문안도 마찬가지입니다. 아무리 자동차 메이커가 '세계 최고의 차'라고 외쳐댄들 그것을 얼마나 소비자들이 믿어 줄까요? 홈런만 치려고, 양쪽 어깨에 힘이 잔뜩 들어가 있으면 유연하지 못하게 됩니다. 욕심이 많아지면 홈런 한 개를 때리기는커녕, 삼진 아웃만 당하고 맙니다. 그러한 경직된 자세와 표현으로는 소비자의 마음을 열 수가 없는 것이지요.

흔히 광고를 하거나, 마케팅을 하는 사람들은 소비자를 너무 쉽게 생각하는 경향이 종종 있습니다. 광고를 틀어대기만 하면 소비자들이 그 제품이나 서비스를 구매할 것이라는 오만함이 있습니다. '연애' 할 때를 생각해 봅시다. 한 남자가 한 여자의 사랑을 얻기까지는 상당한 노력이 필요합니다. 때로는 자신이 하고 싶지 않을 일들까지 마다 않고 기꺼이 하게 됩니다. 아니 그런 것들을 오히려 기쁘게 생각하기도 합니다. 매일매일 집까지 바래다주는 것도 귀찮게 생각하지 않습니다. 그런 노력의 결실로 비로소 상대방의 마음이 열리게 되는 것이지요. 무릇 광고를 만드는 사람이나 제품을 만드는 사람도 소비자와 '연애' 하듯 소비자를 사랑해야 합니다.

그러한 애정과 관심이 소비자의 마음을 열게 할 수 있는 것이지요. 나의 주관에 따라 내가 하고 싶은 얘기만 죽 늘어 놓는다면 들어줄 사람은 그리 많지 않다는 것입니다.

다시 위의 광고로 돌아가 보겠습니다. 폭스바겐에서 새로운 골프(자동차 이름이 그렇습니다)가 나왔으니 얼마나 하고 싶은 얘기가 많겠습니까? 하지만 그러한 자동차에 관한 하고싶은 얘기들은 카달로그로 넘겨버리고, 광고에서는 자동차를 비행기의 실루엣처럼 보이게 하기 위한 아트워크에 집중합니다. 무엇보다 광고가 간결해졌습니다. 그러면서도 하고 싶은 얘기는 놓치지 않고 하고 있습니다. 꼭 말로 표현해야 얘기를 하는 것은 아닐 것입니다. 비주얼 한 장으로도 수백 마디의 말을 대신하고 있는 것입니다. 이런 표현은 제품에 대한 관심과 애정 없이는 나오기 힘든 것이라 생각됩니다.

하나의 표현컨셉을 선택하고 그것에 집중하는 것!

이것이 바로 자동차를 비행기로 만드는 생각의 힘이 아닐까요? 생각이 자동차에만 머물러 있다면 표현도 당연히 자동차에 국한됩니다. 어깨에 힘을 빼고 생각이 유연해지면 '욕심'을 버리는 용기가 나옵니다. 그러면 우리의 생각도 비행기의 속도를 낼 수 있습니다. 단순해지고 명쾌해진다는 것은 많은 장애물들이 없어진다는 것을 의미합니다. 장애물이 사라지면… 당연히 빨라질 수밖에 없겠지요.

선택과 집중! 어려운 선택을 했다면, 이제 거기에 집중할 시간입니다.

이 단순한 원리를 우리의 자동차 광고에서도 많이 만났으면 좋겠습니다.

아니, 우리의 일상생활에도 꼭 필요한 말이 아닌가 생각합니다.

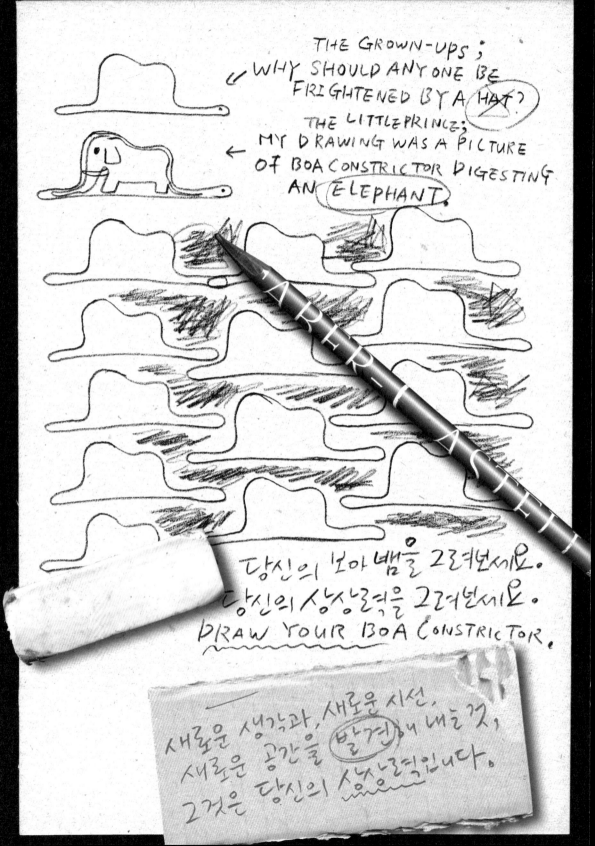

당신의 보아뱀을 그려보세요

상상력을 기른다는 것은 수학공식처럼 어떤 원칙들이 있는 것들이 아닙니다. 어떤 의미에서는 '시'를 배우고 가르치는 과정과 유사하다는 생각입니다. 다만 상상할 수 있는 여러 가지 방향을 제시해주고 좋은 아이디어를 '발견'할 수 있는 '나침반'의 역할을 한다는 의미에서 상상력에 엔진달기라는 나름대로의 제목을 붙여 보았습니다. 이런 종류의 책에서 대부분의 사람들이 공통적으로 많이 하는 얘기가 있는데, 그것은 바로 사물을 새롭게 '본다'라는 것입니다. 그만큼 어떠한 생각과 시각으로 대상을 바라보느냐가 중요하다는 것을 반증하는 것이지요. 그것에 따라 표현방법 또한 달라지기 때문입니다. 즉, 내가 어떠한 '태도'로 관찰하느냐에 따라 결과가 다르게 나타납니다. 일단, 생각을 열어놓는 마음가짐이 필요합니다. 편견으로 닫힌 마음으로는 하나밖에 볼 수 없습니다. 스펀지처럼 흡수하는 능력을 가진 사람은 어느 순간 스펀지에서 물을 짜내듯이 아이디어를 발산할 수 있는 사람입니다. 열린 마음으로 보면 이전에 보이지 않던 것이 좋은 소재로 보이기 시작할 것입니다.

'발견'은 창조보다 위대하다?

산업혁명이 '발명'의 힘이었다면, 지금의 문화적 변화의 힘은 '발견'으로 설명될 수 있습니다. 남들이 보지 못하는 새로운 생각과 새로운 시선, 새로운 공간을 발견해 내는 것이야말로 크리에이티브의 힘입니다. 그것이 세상을 움직이고 불가능을 가능하게 만드는 동력으로 작용하기도 합니다. 그런 의미에서 발견은 또 하나의 창조의 과정인 셈입니다. 다른 각도에서 대상을 새롭게 바라보는 것, 거기서 새로운 생각들을 추출해내는 것, 이것이야말로 좋은 아이디어의 출발점이 된다고 생각합니다. 호기심의 눈으로 보면 이 세상이야말로 가장 좋은 아이디어 창고가 될 것입니다. 〈어린 왕자〉를 읽어 보면 첫 부분에 코끼리를 잡아 먹은 보아뱀을 그린 것을 보여줍니다. 우리의 상식대로 판단하면 그건 보아뱀이 아니라 모자로 보입니다. 어른들은 보아뱀 그림 따위는 집어치우고 차라리 지리나 역사·산수·문법에 재미를 붙여보라고 어린 왕자에게 충고합니다. 보아뱀을 있는 그대로 바라보면 못그린 모자에 불과합니다. 상상력이 필요한 이유가 여기 있습니다. 우리는 너무 쉽게 우리의 상상력을 포기한 듯싶습니다. 상상하기보다는 어쩌면 우리가 상식적으로 이해되는 것을 더 편하게 생각한 결과 같기도 합니다. 어린 왕자에 나오는 이런 이야기들도 그저 책에서나 가능한 일로 치부해버리기 십상이지요. 어른들의 말처럼 그 시간에 문법책이라도 한 번 더 공부하는 것이 세상을 살아가는 데 훨씬 효과적이라는 것을 인정해 버리기도 합니다. 그런 순간 어쩌면 우리의 나이는 갑자기 무게를 더해 갈지도 모릅니다.

잠깐 어린 시절 읽었던 동화책을 기억해 봅시다. 어린 시절, 우린 세상 모든 것과 대화를 할 수 있었습니다. 앉은 의자에게도 말을 걸고, 날아가는 새와 함께 하늘을 날아다니기도 했습니다. 눈사람과 눈싸움을 했고, 쥐와 함께 숨박꼭질도 했던 기억이 납니다. 바로 상상력과 호기심의 힘입니다. 이런 것들이 어느 순간 무가치하고, 쓸모없는 짓으로 규정되면서 우리의 상상력도 성장을 멈추게 됩니다. 상상력이 필요할 때는 약속시간에 늦은 변명을 위해서만 존재할 때도 있습니다. 상식을 의심해 보고 내 시선의 불안정함을 인정

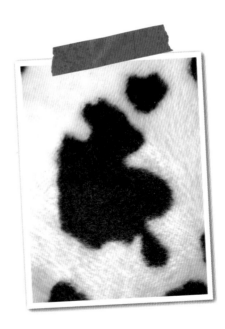

해 봅시다. 이제까지 예술의 역사를 보면 끊임없는 자기부정으로부터 성장을 거듭해 왔습니다. 새로움은 기존의 프레임으로 관찰해서는 보이지 않습니다. 새로운 프레임으로 행간을 읽어 봅시다. 보아뱀이 삼킨 것이 코끼리인지도 의심해 볼 필요가 있습니다.

옆의 사진을 보면 실내용 슬립퍼가 있습니다. 누가 봐도 점박이 무늬가 있는 그다지 특이하지 않는 일상적 사물입니다. 그러나 호기심 가득한 관찰자의 눈으로 보면 그냥 단순한 무늬로 보이지 않을 것입니다. 점박이 무늬가 하늘의 구름으로도 보일 것이고, 사랑에 빠진 사람의 눈에는 하트도 보일 것입니다. 좀더 세심하게 관찰해 봅시다. 여인의 앉은 뒷모습이 마치 마티스 그림을 연상시키는 것 같습니다. 어느 화가가 실루엣만으로 이렇게 멋진 여인의 모습을 그릴 것인가! 이러한 방법으로 세상을 바라보면 어떨까요? 일순간 세상은 온갖 종류의 다른 형태를 지닌 사물들이 시선을 두는 곳곳에서 발견될 가능성이 높습니다. 거기엔 문법책에는 없는 보아뱀도 보일 것이고, 어린 왕자가 찾던 어린 양도 등장할 것입니다.

다섯살의 호기심으로
세상을 보자.

관심과
호기심

라면V

예술이라는 것,
상상력이라는 것,
이것들은 합리적사고의
결과물이 아니라

라면브이 탄생

라면

라면

라면슛

임동하그림

다섯 살의 호기심으로
세상을 보자!

우리가 다섯 살 때를 떠올려 봅시다. 그러면 갑자기 세상이 온통 환상적인 모험의 세계로 바뀌게 될 것입니다. 앞동산을 넘어가면 바다가 보일 것 같고, 당신 자신은 미래소년 코난이 되고, 알프스 소녀 하이디가 되기도 합니다. 그때는 세상 모든 것이 호기심이고 바라보는 모든 것이 질문의 대상이었습니다. 매일 '사고'를 쳤고, 항상 무언가에 끊임없이 열중했었죠. 잠자는 것도 까맣게 잊었으며, 시계에게 말을 걸고, 장난감과 끊임없는 대화를 나누었습니다. 어른이 바라보는 방식대로 보지 않았으며, 세상의 규정과 질서로부터 자유로웠습니다. 그런데 어느 시점부터 이런 모든 대화상대로부터 단절되기 시작했습니다. 아마 세상이 바라보는 관점에 순응하면서부터 우리는 세상보다 더 빨리 늙어갔을지도 모릅니다. 이른바 '철'이 들기 시작한 이때부터 우리는 장난감과 호기심과 결별하고 '합리적' 인간으로 성장하게 된 거죠. 피카소는 '어린아이의 마음으로 돌아가기까지 40년의 세월이 걸렸다'고 고백한 적이있습니다. 군이 다섯 살까지 돌아가지 않더라도 처음 공부를 시작하거나 일을 시작할 때를 생각해 봅시다. 새로운 아이디어와 관심으로 가득차서 무엇이든 도전해 보고 싶은 열정으로 며칠 밤도 거뜬하게 세웠을 것입니다. 그때 바라보던 세상 대부분이 배울 것이었고, 부딪히는 일마다 경험이 되었습니다. 그러나 점차로 우리는 사회와 문화, 그리고 주변환경에 길들여지면서 세상의 편견을 배우게 됩니다. 스스로 할 수 있는 일과 할 수 없는 일, 해야 할 일과 하지 말아야 할 일의 경계가 생겨나고, 시간이 지나면서 처음에 가졌던 아이디어와 열정, 그리고 관심은 바닥을 드러내기 시작합니다. 그렇게 몇 년 정도의 시간이 경과하면 어느날 아주 일상적이고, 자기의 일 외에는 생각하기도 귀찮아하는 '적당주의'에 감염된 자신을 스스로 발견하게 됩니다. 생각이 더 이상 자라지 않고 정해진 일을 처리하기도 바쁩니다. 자신이 꿈꾸던 세계가 아니란 사실을 발견하지만, 뒤집기에는 길들여진 지금 환경의 익숙함이 아깝다는 생각을 합니다. 결국 지금까지 이룬 자신의 성과에 미련을 두고 점점 더 세상 깊숙이 침잠해 들어가게 된 거죠. 이때부터는 아무런 생각의 저항이 없습니다. 단지 스스로가 포기한 꿈에 대한 적당한 변명을 가져다 붙이기만 하면 되는 거죠.

그러므로 여기서 다시 한 번 생각해 봅시다. 이런 틀에서 벗어나 다섯 살로, 처음 일을 배우거나 학교에 입학했을 때, 그 첫마음으로 돌아갑시다. 머리 속을 완전히 비우고, 관심과 호기심으로 다시 한 번 세상을 봅시다. 그러면 이 세상이 온통 배울 것으로 가득차며, 아이디어가 하나 둘 씩 떠오르기 시작할 것입니다. 아이디어란 어느 순간 문득 떠오르는 것이 아니라, 지속적인 관심과 애정에서 나온 '세상에 대한 이런 질문과 관찰'의 결과물인 것입니다. 이런 것들이 머리속에 저장되어 있다가 어느 순간 수면으로 떠오르게 되고, 그것이 자신을 바꾸고 세상을 바꿀 수 있는 멋진 아이디어가 되는 것입니다.

라면브이 탄생

다섯 살짜리 꼬마가 생각한 로봇입니다. 이른바 라면브이.

로보트 태권브이와 라면의 컨버전스(?)인 셈이죠. 라면과 상상력이라는 스프를 끓는 물에 넣고 지켜보면 제법 그럴 듯한 로봇이 탄생됩니다. 얼굴은 생라면 그대로의 모습을 하고 있습니다. 스프가 코에 붙어 있는 것이 특징인데, 위급할 때 콧바람을 이용한 강력한 스프가루를 날릴 수 있는 비장의 무기인 셈입니다. 라면이 로봇으로 변신하는 상상력. 이것이 다섯 살로 돌아가야 하는 이유입니다.

연령별로 창의력에 관한 조사가 있었는데, 실제로 다섯 살 어린이가 가장 뛰어나다는 결과를 얻었다고 합니다. 세상에 관한 편견과 선입견이 없는 상태에서는 바라보는 것 자체가 질문이고 해답이 되는 것이지요. 합리적이라는 것이 때로는 우리의 상상력을 구속하는 요소로 작용하기도 합니다. 예술이라는 것은 합리적 사고의 결과물이 아닙니다. 라면으로 로봇을 만들어 내는 엉뚱함이 더 필요한 시대입니다.

review | 이 글을 읽은 분들이 소감을 달아주신 내용을 발췌했습니다. 감사드립니다.

유나원 _ 어떨 땐 아이가 부러울 때도 있습니다. 세계 북아트 페어에 갔었을 때의 일입니다. 한 초등학교가 한 부스를 떡 하니 차지하고 있었지요. 별 거 아닌 듯, 서투른 글씨, 그림솜씨들. 하지만 그속에 감춰진 그들만의 생각, 의미, 가치를 고이고이 묻어두었더군요. 절로 고개 숙여지는 날이었습니다.

김선화 _ 아이들은 모두 화가라고 피카소가 그랬죠. 어른이 되어서도 화가로 남아있느냐 아니냐가 문제라고…
나이를 거꾸로 먹었으면 좋겠어요.

열정DNA

WHISTLER_CANADA
2002

"OF COURSE IT'S HARD TO DROP IN OF A 11-FOOT RAMP ON A WHEELCHAIR. IT'S HARD ENOUGH ON A SKATEBOARD. BUT IF THAT'S YOUR GOAL, YOU START WITH A 12-INCH RAMP AND WORK YOUR WAY UP. YOU FIND A WAY THAT'S ALL THERE IS TO IT." —STACY KOHUT ☒

Impossible Nothing. Stacy Kohut

Agency; TBWA\Chiat\Day, 180
Creative Director
; Chuck McBride
Art Director; Kai Zastrow,
Sean Flores, Brandon Mugar
Copywriter; Boyd Coyner, Aimee Lehto
Photographer; Uwe Duettmann

열정DNA

이 포스터는 많은 분들이 아실지 모르겠지만 아디다스의 〈Impossible is Nothing〉 캠페인 중에서 스테이시 코헛(Stacy Kohut)편입니다. 포스터의 사진을 보면 12피트 스케이트 보드 하프파이프 끝에서 휠체어를 타고 낙하를 시도하는 사람의 모습이 보입니다. 얼핏 보기에는 영화 속 스턴트맨의 연기 같지만, 카피를 읽어보면 이것이 실제상황이라는 것을 알게 됩니다. 스케이트 보드를 잘타는 사람이라 할지라도 도전하기가 쉽지 않은 하프파이프에서 그것도 휠체어를 타고 낙하하는 이 사람을 우린 걱정스런 눈빛으로 바라볼 것입니다. 어쩌면 이 사람의 용기를 무모하다거나 쓸데없는 치기로 치부해 버릴 수도 있을 것입니다.

스테이시 코헛은 1970년 10월 15일에 태어났습니다. 레이싱 선수였던 아버지의 피를 이어받아 액션 스포츠 선수가 되었습니다. 하키와 사이클, 스케이드 보드 등… 속도와 관련된 스포츠는 무엇이든지 그의 도전의 대상이 되었고 특히, BMX 레이싱과 모토크로스에서 두각을 나타내게 됩니다. 빠르고 위험한 것에 도전하기를 좋아하는 그의 스턴트맨적 기질은 오히려 그에게 커다란 시련을 안겨주게 됩니다. 1992년 3월 21일, 그는 그네 위에서 한 바퀴 도는 공중제비를 시도하다 그만 추락하고 맙니다. 가까스로 목숨을 건졌지만… 결국 그는 휠체어 신세를 지게 되었습니다. 액션 스포츠 선수에게는 하반신 마비는 사형선고나 마찬가지였겠지요.

그는 어렸을때 불가능한 것은 없다고 믿었습니다. 그야말로 못하는 것이 없었으니까요. 하지만, 이제 스테이시 코헛은 그의 심장을 뛰게 했던 스케이트 보드가 내는 소리를 더 이상 들을 수 없었습니다.

그로부터 2년 뒤 1994년.

노르웨이 릴리함메르 동계 장애인 올림픽에서 sit-ski(좌식 스키)를 타고 출전한 스테이시 코헛의 모습을 보게 됩니다. 이 장애인 올림픽에서 그는 캐나다인 최초로 금메달을 따게 됩니다.

오스트리아 레히에서 개최된 세계 선수권 대회에서는 다운힐과 수퍼G 부분에서 그는 또 한 차례 우승하게 됩니다. 그에게 불가능은 그야말로 도전할 수 있는 가능성을 의미했을 뿐입니다. 달라진 것이 있다면, 스케이트 보드의 4개의 바퀴가 휠체어의 4개의 바퀴로 바뀐 것 뿐입니다. 사고후, 다시 하프파이프의 맨 끝에 올라서기까지 그에게는 많은 용기가 필요했을지 모릅니다. 익숙지 않은 휠체어는 그를 수십 번 좌절하게 했을 것입니다. 쓰러지고, 다시 일어서고… 눈물을 흘리지 않겠다는 스스로와의 약속을 그는 실천해 나갔습니다. 장애를 장애로 보았다면 그에게는 한숨밖에 남는 것이 없었을 것입니다. 그는 자신의 장애를 결점으로 바라보지 않았습니다. 그는 장애 역시 도전해야 할 대상으로 바라보았습니다.

"사회는 말이죠. 저 같은 사람이 할 수 있는 일에 대해 아주 경직된 생각을 가지고 있어요. 제가 할 수 있는 일에 대해 전 좀더 폭넓게 접근해요. 그게 바로 제 일이구요.
휠체어에 있는 사람이건 장애가 있는 사람이건 그들이 원하는 걸 할 수 있다구요. 공을 한 번 줘보세요. 굴려볼 테니까요.
이런 거, 이런 휠체어, 네 바퀴 산악자전거, 좌식 스키, 이런 게 뭔지 아세요?
날개라구요! 이런 걸 타면요, 날개 한 쌍을 단 거예요. 그리고 어디든 날아갈 수 있죠."
_스테이시 코헛(Stacy Kohut)

스스로를 밀고 나가는 에너지— 그것은 바로 여러분이 가진 열정 DNA입니다.
이러한 열정 DNA가 있다면, 휠체어는 날개가 됩니다.

P.S_ 이 아디다스 광고가 주는 리얼리티는 사람의 가슴을 뛰게 합니다.
'나의 삶은, 나의 생활은 내 앞에서 진실한가' 라는 자문을 할 때마다 잠시나마 도망가려 했던, 회피를 꿈꾸던 스스로의 비겁이 부끄러워집니다. 어차피 도망가봐야 제자리라면, 차라리 정면으로 승부를 걸어볼 작정입니다.

review | 이 글을 읽은 분들이 소감을 달아주신 내용을 발췌했습니다. 감사드립니다.

햄이 _ '포기하지 않으면 기회는 온다' 던 그 말을 마음으로 믿었고 겨울을 견디어 냈습니다. 이제 이 안에 있는 강심장으로 펄떡펄떡! 살아야 하는 계절이 온 것이지요.

권씨 _ 왠지 모르겠지만… 작심삼일도 100번 모이면 300일 된다는 게 갑자기 생각나네요. 뭔가 해야겠다는 생각이 듭니다. 아주 많이.

한덩이 _ 감동! 10만 마력의 열정 에너지 충전하고 갑니다.

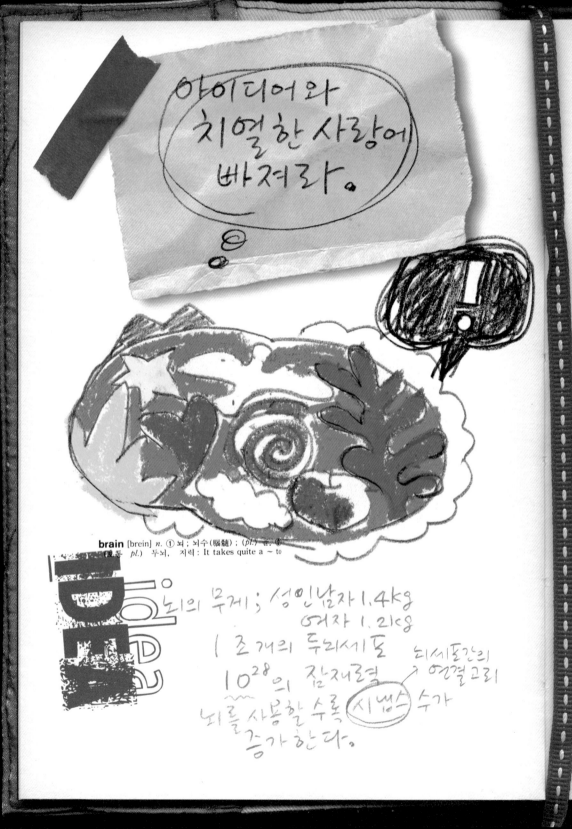

아이디어와 치열한
사랑에 빠져라

좋은 아이디어는 어느날 하늘에서 문득 떨어지는 것이 아니라고 앞에서도 말씀드렸습니다. 어린 아이들은 경험이란 것이 없습니다. 그래서 직접 부딪히고 실험하면서 그것이 경험이 되고 지혜가 되는 과정을 겪게 됩니다. 뜨거운 것을 만져봐야 비로소 뜨겁다는 개념을 익히며, 뛰어내려 다쳐봐야 높이의 개념도 생겨나게 되는 것이지요. 아이디어도 마찬가지란 생각입니다. 끊임없는 호기심과 관심으로 숙성시켜야 되는 것이 아이디어입니다. 분명히 말씀드리지만 어느날 우연히 떠오르는 아이디어란 존재하지 않습니다. '닭이 알을 품는 과정'을 직접 실험해본 에디슨이 발명왕이 되었듯이, 많이 부딪히고 경험해본 사람에게서만 좋은 아이디어가 탄생되는 것이지요. 지금 자신의 아이디어와 연관이 없어 보이는 생각들도 부지런히 메모하고 애정으로 지켜보세요. 그러면 반드시 어느 순간 그런 생각들이 좋은 아이디어가 되어 자신을 도와줄 것입니다. 흔히들 사랑에 빠졌을 때 '정신을 어디다 두고 다니냐'는 말들을 많이 듣게 됩니다. 사랑하게 되면 관심이 온통 한 사람에게 집중됩니다. 사랑하는 사람을 만족시키기 위한 여러 가지 계획과 아이디어가 떠오르게 됩니다. 심지어 어느 섬에서 나올 수 있는 마지막 배편의 시각까지 점검하는 수고도 아끼지 않게 되지요. 그렇게 하다 보면 상대방의 마음에 들기 위한 크리에이티브한 방법들을 스스로 찾게 되고, 어느 순간 제법 그럴 듯한 프로포즈도 하게 됩니다. 아이디어도 마찬가지입니다. 사랑할 때처럼, 그때의 절실하고 순수했던 마음으로 자기가 하고자 하는 일과 생각에 빠져보십시오. 서점에서, 길거리에서, 맨홀 뚜껑에서, 사람들의 옷에서, 화장실에서, 식당에서 대기하고 있던 수많은 아이디어가 비로소 보이기 시작할 것입니다. 사랑을 해보지 않은 사람은 사랑의 추상적인 느낌밖에 모를 것입니다. 직접 사랑하고 그 열병을 앓아봐야 사랑의 치열함과 이중성이 보이듯이 스스로 관심을 가진 대상과 치열한 사랑에 빠져 보세요. 그러면 정말 어느날 하늘에서 문득 떨어지듯이 아이디어가 나타나게 될 것입니다.

결심하라.

decide ; ~로부터 잘라내다

from
~로부터

→to cut
자르다

아니! 이렇게 깊은 뜻이...

맘인가? ((()///

바보들은 항상
결심만 한다.

말 (Say)이 아닌,
행동(Do)으로 결심하라.

바보들은 항상 결심만 한다

말(SAY)이 아닌, 행동(DO)으로 결심하라.

《바보들은 항상 결심만 한다》라는 책을 읽어 보셨나요?

원제는 *Change Is Everybody's Business*입니다. 변화관리 분야의 전문가인 팻 맥라건이 지은 책입니다. 영문 제목에 나와 있듯이 '변화'에 어떻게 대처하는지에 관한 책입니다. 한글제목이 주는 의미와 원제와는 거리가 좀 있다고 생각이 듭니다만, 알고 있지만 실행에 옮기지 못하는 우리들의 '작심삼일(作心三日)' 근성을 잘 꼬집고 있습니다.

우리는 참 관성적으로 살고 있다는 생각입니다.

관성적인 생활이 습관을 형성하게 되고, 습관은 말 그대로 우리의 행동과 태도를 지배합니다. 이러한 일상의 습관을 벗어던지는 게 말처럼 쉽게 되는 얘기가 아닙니다. 그래서 우리는 대개 말로만 결심을 떠들어대지요. 이렇게 말로 표현하는 신념을 맥라건은 SAY beliefs라 얘기합니다. 이와 반대로 우리가 실제 행동으로 나타나는 신념을 DO beliefs(행동의 신념)이라고 말합니다.

당신의 신념은 말(SAY)로만 존재합니까?

아니면 행동(DO)으로 나타나나요?

영어의 결심하다(*decide*)란 단어의 어원을 살펴보면, de가 '~로부터' 뜻을 가진 전치사 from의 의미입니다. cide는 '자르다', 즉 'cut'의 의미를 지닌 라틴어로부터 그 어원을 찾을 수 있습니다. 결국 '결심하다'라는 단어는 '~로부터 잘라내다'란 의미가 되는 것입니다.

'결심하다'의 진정한 의미는 '여러 가지 다른 선택의 가능성'을 잘라버린다는 뜻이라는 것입니다. 다른 선택의 가능성을 잘라내고, 오직 마음 속에 품은 하나의 '결심'에 모든 중력을 집중시킨다… 이런 '결심'이 아니라면, 진정한 '결심'이 아니라는 것입니다.

우린 너무나 많은 '결심'들을 남용하며 살아 왔습니다. 다른 선택의 가능성은 여전히 남겨 놓은 채 말로만 '결심'을 얘기해 왔습니다. 새해가 되면 '통과의례' 치르듯 무엇인가 결심을 하고, 나쁜 시험결과가 나왔을 때 역시 결심을 합니다. 하고 있는 일이 실패했을 때도 또 한 번의 '결심'을 하고, 누군가에게 충고받았을 때도 '결심'을 합니다. 이렇게 해 온 수많은 '결심'이 실행에 옮겨졌다면, 당신은 이미 성공적인 인생을 살아가고 계실 겁니다. 그러나 쉽게 한 '결심'은 쉽게 풀어지기 마련입니다. '눈물을 흘리지 말고, 눈물을 기억하라'라는 말이 생각납니다. 진정한 슬픔의 의미를 아는 사람은, 진정으로 눈물을 흘리는 사람이었다면, 그 슬픔과 눈물의 의미를 똑똑히 기억할 것입니다.

그래서 다음에 똑같은 상황이 왔을 때, 같은 이유로 두 번 다시 눈물을 흘리지 않도록 철저히 준비하는 사람이 바로 '눈물을 기억하는 사람'의 모습입니다.

결심은 모름지기 '칼'과 같아야 합니다. 내가 가지고 있는 어설픈 것들을 과감하게 버리고, 내가 유지해온 '어정쩡한 습관'들을 아프게 도려내는 과정입니다. 이것도 해야 되고, 저것도 또한 해야 하고, 친구도 만나야 되고, 영화도 한 편 봐야 되고, 싸이도 관리해야 하고… 이런 것들을 그대로 유지해 가면서, 나의 작은 욕심들은 버리지 못하면서 '결심'을 한다면, 그것은 모래성을 쌓는 일과 다름이 없습니다. 그렇게 된다면 같은 이유로 또 한 번 울게 되는 뻔한 결과를 가져옵니다. 그리고 그런 결과에 당당하지 못합니다.

'이번엔 운이 안 좋아', '이번 사업계획은 위에서 똑바로 관리하지 못했기 때문이야' '이번 시험문제는 너무 어려워…'

어떤 이유라도 그럴 듯하게 가져다 붙일 것입니다. 즉, 남의 탓으로 돌리기에 바쁠 것입니다.

우린 잘되면 내탓, 못 되면 남의 탓으로 돌리는 경향이 많습니다. 즉, 한 번에 자기자신의 잘못으로 인정하지 않는다는 것입니다. 가벼운 교통사고의 경우를 보더라도, 명확히 자기 잘못으로 인정하지 못합니다. '남의 탓, 도로 탓' 심지어 '오늘 운 더럽게 안 좋네'라고… 괜한 운명의 신을 나무랍니다. 책임을 회피하기에 바쁜 것입니다.

《바보들은 항상 결심만 한다》라는 책이 베스트셀러가 되니 이와 유사한 책들이 많이도 나왔습니다. 책들의 제목만 살펴봐도 우리가 제대로 실행하지 못하는 것들을 지적하고 있습니다.

바보들은 항상 남의 탓만 한다.

바보들은 운이 와도 잡을 줄 모른다.

바보들은 항상 문제가 뭔지도 모른다.

바보들은 항상 바쁘다고만 한다.

바보들은 알면서도 실패한다.

바보들은 항상 같은 생각만 한다.

바보들은 항상 머리로 생각한다.

바보들은 항상 가만히 앉아서 기회가 오기만을 기다린다.

등… 세상이 온통 바보들 천지 같습니다.

결심만 하고, 남의 탓만 하고, 항상 바쁘다고만 하고, 같은 생각만 하고, 알면서도 실패하고…한결같이 우리의 나약한 습관에 얹혀 사는 안일함을 꼬집고 있습니다.

앞에서 열거한 여러 종류의 바보가 되지 않기 위해서는 바로 지금 진정한 '결심'을 내려야 합니다. 다른 선택의 가능성들을 과감하게 잘라버려야 합니다.

말(SAY)로만 결심하는 것이 아닌, 행동(DO)으로 당신의 결심을 보여주세요.

지금 당신의 위치도 과거의 결심에 의해서 만들어졌다는 것을 기억하세요.

좋은 결심과 좋은 습관으로 운명 또한 만들어 지는 것입니다.

진정으로 결심을 내린다면, 우리가 하지 못할 것은 아무것도 없습니다.

로또 1등 당첨보다
더 중요한 일.

~7:34 am ~ September 21, 2002
Tom Moore discovers he's $3,500,000 richer.

Lotto
Who's Next?

Imaginary
Force

Agency
;Publicis in the West
Art Director;Greg Wyatt
Copywriter;Joe Gerlitz
Photographer
;Giblin & James

Miyazaki
Hayao

자신이 정말로
좋아하는 일을 7년동안
한다면, 다른 부수적인
문제들은 모두 해결된다.

로또 1등 당첨보다 더 중요한 일

시애틀(Seattle)에 소재한 광고회사 Publicis in the West에서 제작한 우리에게도 너무나 익숙한 Lotto의 광고입니다.

7:30 am - September 21, 2002
Tom Moore discovers
he's $ 3,500,000 richer.

2002년 9월 21일, 아침 7시 30분
탐 무어는 그 자신이 350만 달러의 부자라는 것을 발견한다.

이런 날이 우리 인생에도 찾아올까요? 언제나 아침이 되면 우린 출근준비에 정신이 없습니다. 오늘 하루쯤은 회사에 가지 않고 집에서 푹 쉬고 싶은 생각이 간절할 것입니다. 오늘도 씨리얼을 우유에 대충 말아서 한 손에 들고, 다른 한 손으로는 아침에 배달된 조간신문을 들고 한 번 훑어봅니다. 신문 사회면에 복권 당첨번호가 눈에 들어옵니다. 지난주 재미삼아 구입해서 냉장고 문에 붙여둔 로또 복권과 번호를 맞춰봅니다. 번호가 하나, 둘 일치합니다.

호흡이 빨라지고, 가슴이 두근거리기 시작했습니다.

쨍그랑~!

1등을 확인하는 순간, 너무 놀라서 들고 있던 씨리얼 그릇을 떨어뜨리고 맙니다.

이런 날이 우리 인생에도 찾아올까요? 우린 가끔 이런 상상을 전제로 서로 얘기할 때가 있습니다. 재미삼아 우연히 구입한 로또에서 1등에 당첨된다면? '만약, 월요일에 내가 안보이면 로또에 당첨된 줄 알라고…' 하는 농담 섞인 말을 서로 주고받습니다. 이런 일이 실제로 일어나서 월요일에 출근 안 한 사람을 주변에서 직접 본 적이 있습니까?…아마 없을 것입니다.

신문이나 방송에서 로또 당첨자에 대한 이야기를 많이 하니까 사실 우린 주변에 많은 사람들이 로또에 당첨되었다는 착각을 하게 됩니다. 실제로 나에게도 그런 행운이 찾아올 것이라는 막연한 믿음조차 생겨납니다.

위의 광고는 로또에 당첨된 상황을 우회적으로 그러나 임팩트있게 보여주고 있습니다. 굳이 환호성지르는 사람을 보여주지 않아도 그 상황을 실감나게 표현했습니다. 마치 당첨된 순간을 내가 옆에서 지켜보는 것 같은 생생함이 있습니다. 이 정도가 되면 로또 1등이 먼나라의 아득한 꿈이 아니라 금방이라도 손에 잡힐 것같이 가까이 있는 것 같습니다. 로또의 당첨확률은 814만분의 1이라고 합니다. 814만분의 1이면 1등에 당첨되는 것은 거의 불가능에 가깝습니다. 이 0.0000001의 확률이라면 사실 시도해 볼 가치조차 없는 일일 것입니다. 어디까지나 로또를 재미삼아 해야 하는 이유가 더 명백해지는 것 같습니다.

매년마다 우리는 나이를 먹어갑니다. 그때쯤 되면 우린 스스로 나이를 한 살 더 먹는 것에 대한 스트레스를 받게 됩니다. 무언가 조급해지고, 계획을 세우지 않으면 경쟁에서 뒤처질 것 같은 느낌을 갖게 됩니다. 그래서 많은 사람들이 다소 무리한 계획을 세우게 됩니다.

실행가능성이나 세부적인 실천사항에 대한 검토는 그다지 하질 않습니다. 그러다 보니 이렇게 세워진 계획은 1달, 아니 채 3일도 유지해 나가기가 어렵습니다. 작심삼일이라는 말은 그래서 틀린 말이 아닌것 같습니다. 새해에 세운 계획을 아직까지 실천하시는 분이라면, 분명 성공할 가능성이 많습니다. 처음에 우리가 습관을 만들지만, 나중에는 습관이 우리를 밀고 나가는 힘이 된다고 합니다. 즉, 무슨 계획이든 습관이 들 정도가 되어야 성공할 수 있다는 것입니다.

올해는 무슨 꿈을 꾸고, 어떤 계획을 세우셨나요?
이것저것 하고 싶은 것과 해야 될 일이 많지만, 올해는 한 가지라도 제대로 실행해 보는 한 해가 되었으면 좋겠습니다. 좋은 계획을 세우는 것도 중요하지만 실천할 수 있는 계획을 세우는 것이 더 중요합니다. 연초에 세운 계획이 로또복권 당첨되는 일보다 더 어렵게 만들지 말고, 내가 스스로 감당할 수 있는, 그래서 습관이 될 수 있는 계획을 세워보면 어떨까요?
너무 늦었다거나, 나이가 많다는 것은 중요하지 않습니다. 무슨 일을 계획하고 실천하기에 적당한 나이는 없기 때문입니다. 중요한 것은 계획을 실천하느냐, 중간에 적당히 포기하느냐 하는 것입니다. 원래 포기한 일에 대해서는 백 가지 이유와 천 가지 변명이 존재합니다.

바빠서 못했다느니, 나한테 안 맞다느니, 일에 방해가 된다느니… 등 실천하지 못한 스스로의 게으름과 나태를 두둔하기에 급급한 온갖 이유들이 때맞춰 떠오르곤 합니다. 결국 스스로 책임을 지지 않는 것이지요.

올해 한 가지만 제대로 실천한다면, 분명, 로또 1등에 당첨되는 것보다 더 큰 만족이 찾아올 것입니다. 많은 성공한 사람들의 공통적인 특징은 절대로 '우연'에 승부를 걸지 않는다는 것입니다. 아니, 오히려 노력으로 스스로의 행운을 자신에게 실험해 본다고 합니다. 로또의 행운은 이미 당신 안에 있습니다.

여기에 여섯 개의 숫자를 쓰는 대신에 6년 동안 실천할 6개의 구체적인 계획을 써보세요. 어쩌면 잘 세운 지금의 계획 하나가 당신의 인생을 책임질 수도 있습니다.

'자신이 정말로 좋아하는 일을 7년 동안 한다면, 다른 부수적인 문제들은 모두 해결된다.'
_ 미야자키 하야오

계획이 없다면, 간절함이 없다면 세상처럼 따분한 곳도 없을 것입니다.

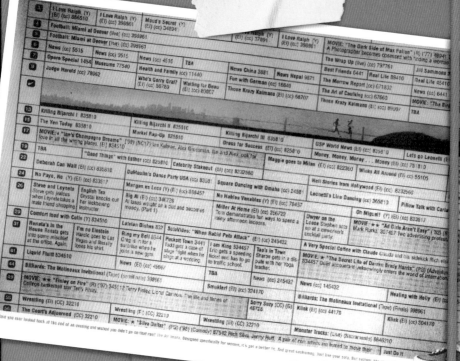

Agency; Goody,
Silverstein & Partners
Art Director; Sean Farrell
Copywriter; Maya Rao
Photo; William Huber

당신의 하루는
TV의 프로그램
편성표가 아닙니다.

시간에 얽매이지 않는 당신의 삶!

당신의 하루는
TV의 프로그램 편성표가 아닙니다

상당히 오래 전에 다음과 같은 글을 만났었습니다.

'오늘 내가 헛되이 보낸 하루는 어제 죽은 이가 그토록 살고 싶어했던 내일이다.'

어쩌면 듣고 싶지 않았던, 그래서 언제나 회피하고 싶었던 말이었습니다. 정확히 말하면, '죽음'이란 단어가 주는 어두운 정서를 받아들이기에는 아직 젊다고 생각했었습니다. 나이가 들어간다는 것이 정확히 나에게 어떤 의미인지를 몰랐던 것 같습니다. 제대를 기다리는 말년 병장처럼, 시간은 그렇게 빠르게 흘러가는 것만은 아니라고 스스로를 안심시키고도 싶었을 것입니다. 어쩌면, 바쁘게 살아가는 일상 속에서 하루가 주는 의미를 생각하는 것은 약간의 사치라고 여겼을지도 모릅니다. 한동안 잊고 지냈습니다. 오랜 시간이 흐른 후에 어쩌다 다시 위의 글과 마주치게 되었습니다. 같은 말인데도, 주변에서 여전히 어렵지 않게 듣는 말인데도 불구하고, 받아들여지는 강도는 예전 같지 않았습니다. 갑자기 나이가 들어보이고, 죽음을 대비해야 할 것 같은 조급증이 생겨났습니다.

놀면서 지내온 것이 아닌데… 어느덧 많은 시간이 흘러갔던 것입니다. 오래 전에 하다가 그만두었던 아침 조깅을 다시 시작해야겠다는 생각이 들었습니다. 어느 순간부터 집에 가면 리모콘부터 잡는 버릇이 생겨났습니다. 아침에 눈을 떠도 창밖의 햇살을 바라보는 대신에 습관적으로 TV로 켜게 됩니다. 마치 하루가 신문에 나오는 잘 짜여진 TV의 프로그램 편성표와 같다는 생각을 했습니다. 내가 스스로 하루를 설계하기보다는 어느 순간부터 TV가 주는 편성표대로 살아가는 듯했습니다. 누구와 얘기할 때도 나의 생각이 아닌 TV나 인터넷이 제공해주는 관점대로 얘기하고, 개그맨이 유포시키는 유행어를 모르면 시대에 뒤떨어진다는 착각이 들기도 했습니다.

TV의 프로그램 편성표를 이용한 나이키의 광고를 보면서, 다시 한 번 위의 말이 떠올랐습니다(샌프란시스코에 소재한 Goody, Silverstein & Partners가 이 광고의 제작을 맡았습니다).

어제 죽은 이가 그토록 살고 싶어했던 내일이 바로 오늘인데… 갑자기 소나기를 맞은것처럼 가슴 한구석이 서늘해져 왔습니다. 그다지 마주치고 싶지 않던 얘기지만, 이제는 이 말을 정면으로 마주해야겠다는 생각이 들었습니다.

광고를 보면 여러 개의 TV채널이 보입니다. 1/3 지점에는 나이키의 로고가 등장하면서 달리는 사람의 모습이 프로그램 칸을 대신 메워주고 있습니다. TV를 끄고 운동하라는 충고가 들리는 듯합니다. 이 광고가 다른 광고보다 인상적이었던 것은 TV 프로그램 편성표를 아이디어로 사용한 데 있습니다. 만약에 일반적인 광고처럼 달리는 사람의 모습만을 보여주었다면 평범한 하나의 광고에 머물렀을 것입니다. 하지만 이 광고에서는 '필요악'과도 같은 TV를 일상의 경쟁상대로 제시합니다. 수동적으로 다른 사람과 비슷하게 살지 말고 좀더 적극적이고 능동적인 생활을 설계하라고 차분하게 조언하고 있습니다.
우리는 어느덧 TV와 인터넷이 제공하는 인스턴트적 일상에 길들여져 있습니다. 그러다 보니 일부러 운동하지 않는 한 땀흘릴 정도의 육체적인 에너지 활동이 거의 없습니다. 아랫배가 점점 부담스럽지만, 그만큼 더 많은 핑계가 생겨나면서 스스로의 '귀찮음'을 정당화시킵니다. 운동을 하기엔 너무 바쁘다거나, 아직 나는 건강해서 별 문제 없다고 자위합니다.
집에 가면 먼저 리모콘을 찾는 습관은 여전합니다.

중요한 것은 오늘 내가 미룬 일들은 내일이 되면 더 하기가 귀찮아진다는 사실입니다. 아리스토텔레스가 이런 말을 했습니다. '우리는 자신이 반복하는 대로 된다' 라고… 좋은 습관은 반복에 의해서 만들어집니다. 눈사람을 만들어 보신 분들은 잘 아실 것입니다. 눈은 맨처음 뭉치기가 어렵습니다. 하지만 어느 정도 뭉쳐진 눈은 굴리는 대로 점차 커져갈 것입니다. 그 다음부터는 아주 쉽게 눈사람을 만들 수 있습니다.

당신의 하루가 TV의 프로그램 편성표와 함께 진행된다면, 당신은 수동적인 삶을 살아가고 있는 것입니다. 어제 죽은 사람이 그렇게 살고 싶어했던 내일인데… 오늘을 그냥 TV 앞에서 보낼 수는 없지 않겠습니까? 당신의 젊음은 시간을 이기지 못합니다. 늦기 전에 무엇인가를 시작해보세요.
시작은 언제나 세상의 모든 결과보다 위대하답니다.

MSF No border line

진실을 말하는
리얼리티의 힘!
- 국경없는 의사회
XXXXXXXXXXXX

국경과 인종을 초월한 인간에 대한 치열한 사랑, 그리고 진실을 말하는 리얼리티의 힘

삶이란

나 아닌 다른 이에게 기꺼이 연탄 한 장 되는 것. 방구들 싸늘해지는 가을녘에서 이듬해 봄 눈 녹을 때까지 해야 할 일이 무엇인가를 분명히 알고 있다는 듯이 제몸에 불이 옮겨 붙었다 하면 하염없이 뜨거워지는 것. 온몸으로 사랑하고 나면 한 덩이 재로 쓸쓸히 남는 게 두려워 나는 그 누구에게 연탄 한 장도 되려 하지 못했나 보다

하지만 삶이란 나를 산산이 으깨는 일

눈 내려 세상이 미끄러운 아침에 나 아닌 다른 이가 마음놓고 걸어 갈 그 길을 나는 만들고 싶다.

_안도현 시 〈연탄 한 장〉

피로 얼룩진 수술자국이 선명합니다. 수술자국의 흔적으로 보아 상처가 얼마나 깊었는지를 짐작할 수 있습니다. 다시 떠올리기도 싫은 장면이기도 합니다. 그러나 자세히 살펴보면 그냥 단순한 수술자국이 아니란 것을 발견할 수 있습니다. 마치 철조망처럼 사람의 피부를 가로지르는 수술자국 옆에 피로 쓴 영문이 보입니다. '러시아(RUSSIA)'와 '체첸(CHECHNYA)'이라는 국가명이 선명하게 보입니다. 체첸은 러시아 남서부에 자리한 공화국입니다. 1859년 러시아 제국에 의해 강제 합병되었던 체첸은 1991년 구소련 붕괴의 과정에서 일방적으로 독립을 선언하게 됩니다. 내부혼란으로 대응을 미뤄왔던 러시아는 1994년, 체첸에 대한 전면공격을 가하기 시작합니다. 수도 그로즈니가 함락당하고, 체첸인들은 카프카스산 속에 들어가 지금까지 집요하게 게릴라전을 전개해오고 있습니다. 사진의 사람 피부는 다름 아닌 바로 두 국가의 영토이고 수술자국은 두 나라의 경계선입니다. 이 찢겨진 상처를 봉합하는 수술자국 밑에는 '국경없는 의사회(MSF)'의 심볼이 보일 듯 말 듯 인쇄되어 있습니다.

밑의 사진 역시 국경만 바뀌었을 뿐, 피와 수술자국에서 분쟁을 겪고 있는 지역이라는 것을 유추할 수 있습니다. 바로, 동티모르(EAST TIMOR)와 인도네시아(INDONESIA)의 상처를 봉합하는 수술자국입니다. 2002년 동티모르는 '인니' 에서 독립했지만, 이전까지는 두 지역간의 분쟁이 끊임없었습니다. '국경없는 의사회' 의 '사람' 형태의 심볼은 여기에서도 발견할 수 있습니다.

마드리드에 소재한 광고대행사 McCann-Erickson이 제작한 Mecins Sans Fronties (MSF_국경없는 의사회) 의 광고입니다. 리얼리티가 살아있는 직설화법으로 이 '국경없는 의사회' 의 역할을 극명하게 보여줄 뿐더러, 이라크 파병문제로 고민하는 우리에게 많은 것들을 생각하게 하는 광고입니다.

Mecins Sans Fronties (MSF)는 1971년 나이지리아 동부의 비아프라에서 의료활동을 하던 몇 명의 프랑스 의사들에 의해 설립되었습니다. 비아프라에서 돌아온 후 그들은 전쟁과 가난, 분쟁과 재난 등으로부터 인간의 존엄성을 지킬 수 있는 방법을 생각했습니다. 그런 긴급하고 위험한 상황 속에서 '신속하고 효과적인 의료지원' 을 목표로 MSF가 태어났습니다. 이들은 어떤 정치적 신념이나 종교적인 고려를 염두에 두지 않았습니다. 인종이나 국경의 구분 역시 이들에겐 의미가 없습니다. 오직 고통받는 인간에 대한 '도움' 만이 유일하게 생각하는 이들의 목적입니다. 세계의 분쟁지역, 홍수나 지진의 자연재해, 전염병과 기아의 현장에 이들은 가장 먼저 달려갔습니다. 30년간 MSF(국경없는 의사회)는 아프리카에서, 아메리카에서, 오스트레일리아, 아시아에서 끊임없이 활동해 오고 있습니다. 지금은 유럽에서 5개의 의료센터와 13개국에 지국을 두고 있는 독립적인 의료 구호단체로 성장했으며, '인간의 권리' 를 회복하기 위한 '행동의 실천' 을 멈추지 않았습니다.
대다수의 사람들이 '정치적, 경제적으로 실익이 되는가' 를 계산하고 있을 때, MSF 스태프는 아무 조건 없이 가장 먼저 기아와 굶주림의 현장 속으로 뛰어듭니다. 국가간의 대립에서 대부분의 국가들이 종교적 신념이 맞지 않는다고 망설이고 있을 때, 강대국의 눈치를 살피며 분명한 태도를 유보하고 있을 때 이들은 어김없이 전쟁의 포화를 뚫고 분쟁지역에 들어갑니다. 지금도 이라크의 교전지역 곳곳에서 이들의 목숨을 건 '사랑의 실천' 은 계속되고 있습니다. 이러한 헌신적인 노력에 대한 화답으로 MSF는 1999년 노벨 평화상을 수상했습니다.
이 광고답지 않은 광고에서 저는 진실을 말하는 리얼리즘의 힘을 발견했습니다. 대다수

광고가 요란한 비주얼과 진실성이 결여된 카피로 사람들의 시선을 끌려는 노력들을 하고 있습니다. 그러나 소비자들은 더 이상 과대포장된 광고를 믿지 않습니다. 많은 마케팅 담당자들은 '광고' 만 잘하면 매출목표를 달성할 수 있다는 생각을 가지고 있습니다. 그렇다면 '광고' 는 하나의 마술입니다. 하지만 '광고' 는 진실이 아닌 얘기를 '진실' 로 만들어 줄 수 없습니다.

만드는 사람이 진실되고, 제품이 진실되고, 마케팅이 진실되면 굳이 광고를 하지 않아도 성공할 수 있습니다. 우린 너무 편법이 주는 편안함에 익숙해져 있습니다. 정공법을 선택하는 대신 잔재주로 그 상황을 모면하려는 경우도 허다합니다. 그렇게 되면 아무리 '광고' 해도 사람의 마음을 얻을 수 없는 것입니다. 그런 의미에서 MSF(국경없는 의사회)광고는 그들의 신념을 낮은 목소리로 진실되게 이야기하고 있습니다. 생각을 방해하는 헤드라인도, 자신들의 그동안의 성과를 보여주는 서브카피도 없습니다. 텅비어 있지만, 그 공간을 사람들의 '공감' 이라는 두 단어가 훌륭히 채워주고 있습니다. 어느 야전병원에서 지금 이 시간에도 땀흘리고 있을 그들의 헌신적인 노력이 떠올려집니다. 수술 자국은 갈가리 찢겨진 인간들의 마음 속을 꿰매고 있습니다. 전쟁이라는 미명 아래 자행되는 인간의 어긋난 욕심과 이기심 앞에 질문을 던지고 있습니다. '무엇이 올바른 삶인가' 를…

진실에는 국경이 없습니다. '진실' 앞에서는 누구든지 마음을 열게 됩니다. 과대포장된 광고 속에, 더 이상 광고를 믿지 않는 사람들에게 두 광고는 이야기하고 있습니다. 진실 앞에서 사람들의 마음의 방어벽은 존재하지 않는다고… 기업과 고객의 불신, 국민과 정부와의 대립, 나라와 나라 사이의 분열, 인종과 인종 간의 전쟁, 종교와 종교 간의 다툼… 이 모든 상황을 극복하는 단 하나의 방법. 그것은 진실의 힘이라는 생각입니다. 사람 앞에 진실되고, 나라 앞에 진실되고, 다른 인종 앞에서 진실되고, 자연 앞에서 진실되고, 신 앞에서 진실되다면… 그래도 지구는 꽤 살 만한 곳이 아닐까요?

진실과 진실에서 나오는 사랑만이 깊게 패인 상처를 봉합할 수 있습니다. 눈 내려 세상이 미끄러운 아침에, 나 아닌 다른 이가 마음놓고 걸어갈 그 길을 우리도 만들어 보면 어떨까요?

불가능, 그것은 나약한 사람들의 핑계에 불과하다!

록그룹 데프 레파드의 외팔 드러머, 릭 앨런(Rick Allen)

불가능, 그것은 나약한 사람들의 핑계에 불과하다.

불가능, 그것은 사실이 아니라 하나의 의견일 뿐이다.

불가능, 그것은 영원한 것이 아니라 일시적인 것이다.

불가능, 그것은 도전할 수 있는 가능성을 의미한다.

불가능, 그것은 사람들을 용기있게 만들어 주는 것이다.

불가능, 그것은 그것은 아무것도 아니다.

IMPOSSIBLE IS NOTHING.

_ adidas 광고 카피/ 2004년 3월

이 아디다스 광고카피처럼 불가능은 깨기 힘든 '사실이 아니라 하나의 의견' 이란 생각에 동의합니다. 머리 속에서는 불가능해 보이던 수많은 일들도 인간의 도전과 열정 앞에는 그 길을 열어주었습니다.

사실 운명이라는 놈은 그다지 끈기가 없는 것 같습니다.

거기에 끊임없이 대드는 인간의 지구력에는 당하지 못하니까요.

릭 앨런이란 드러머가 있습니다(Rick Allen_1963년 11월 1일생). 시끄러운 음악을 하는 영국의 메탈 밴드 데프 레파드의 멤버입니다. Def Leppard는 〈On Through The Night〉이란 데뷔앨범(1980년) 이래 본 조비와 함께 이른바 '팝메탈(Pop Metal)' 의 기수로 대단한 인기를 얻었습니다.

1984년 12월 31일 릭 앨런은 자동차 전복사고를 당하게 됩니다. 드러머로서는 치명적이게 왼쪽팔을 절단해야 했습니다. 한쪽 팔로 드럼을 치는 것을… 상상할 수 있을까요.

아무도 그의 재기를 믿는 사람은 없었습니다. 심지어 릭 앨런 자신까지도…

4년이 지난 후 데프 레파드는 1987년 〈Hystseria〉란 앨범을 발표하게 됩니다.

지금까지 이 앨범은 1,200만 장이 넘는 판매고를 올렸고, 이 〈Hystseria〉 앨범에서만 무려 7곡의 싱글 히트곡이 나왔습니다. 물론, 드러머는 릭 앨런이었습니다.…

교통사고로 왼팔을 잃은 이후, 릭 앨런에게는 눈물겨운 날들이었을 겁니다. 그가 실의를 딛고 특수 드럼세트에 앉기까지는 상당한 시간과 용기가 필요했습니다. 드러머로서 한쪽 팔을 잃는다는 것은 사망선고와 마찬가지였으니까요. 한쪽 팔로 드럼 앞에서 눈물을 훔치는 릭 앨런의 모습이 그려집니다. 그리고 천천히 한 손으로 드럼치는 연습을 시작했을 겁니다. 차라리 포기하고 싶다는 생각이 수십 번 그의 얼굴을 스쳐 지나갔겠지요. 모두가 잠든 밤에도 그의 드럼은 멈추지 않았을 것입니다.

그리고 마침내…

〈Hystseria〉 앨범이 세상에 나오게 된 거지요. 이 앨범을 들어보신 분들은 깜짝 놀랄 것입니다.

이전과 다름없는 릭 앨런의 파워 드러밍! 그 앞에서는 불가능이란 단어는 가능성을 의미했습니다. 한쪽 팔을 잃은 대신 그는 참 많은 것을 얻었습니다. 단순히 한쪽 팔로도 드럼을 칠 수 있다는 희망보다 더욱 값진 멤버들의 눈물겨운 우정을 얻었고, 팬들의 뜨거운 사랑을 얻었습니다. 그것은 동정이 아니라 그의 용기에 대한 찬사였지요.

얼마전 데프 레파드는 통산 10번째 앨범을 발표했습니다.

여전히 그의 드럼은 정확하게 우리 심장에 용기있는 비트가 되어 꽂히고 있습니다.

불가능, 그것은 사실이 아니라 하나의 단어이고 하나의 의견일 뿐입니다.

특수 제작된 드럼세트에서의
6집 앨범

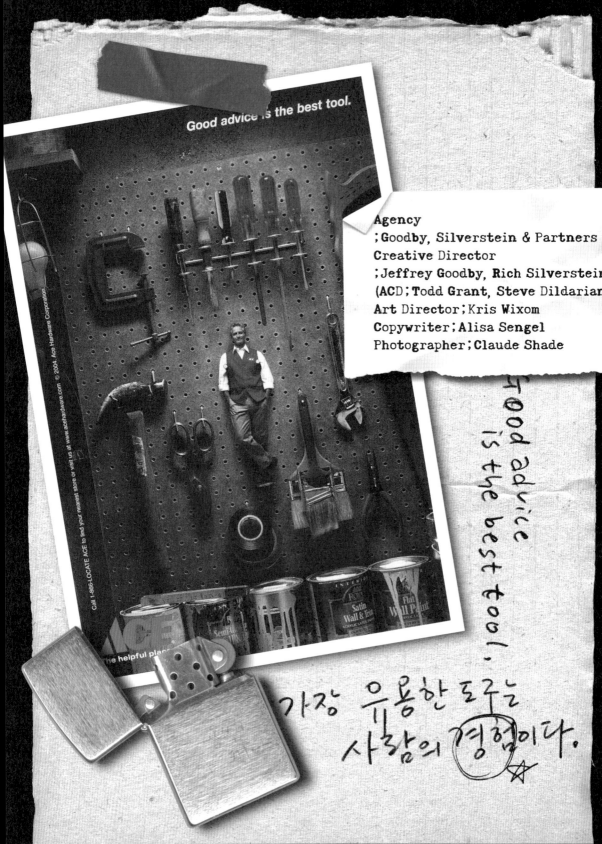

Good advice is the best tool.

Agency
; Goodby, Silverstein & Partners
Creative Director
; Jeffrey Goodby, Rich Silverstein
(ACD; Todd Grant, Steve Dildarian
Art Director ; Kris Wixom
Copywriter ; Alisa Sengel
Photographer ; Claude Shade

Good advice
is the best tool.

가장 유용한 도구는
사람의 경험이다.

가장 유용한 도구는
사람의 경험이다

샌프란시스코에 소재한 광고회사 Goodby, Silverstein & Partners가 제작한 에이스하드웨어(Ace Hardware)란 회사의 광고입니다. 1924년 시카고 지역의 몇몇 소매점 스토어 체인으로부터 에이스하드웨어의 역사는 시작됩니다. 2004년으로 80주년을 맞은 에이스하드웨어는 50개주의 4,800개 이상의 체인점을 가진 우량회사로 성장했습니다. 역사만큼이나 많은 것들이 바뀌었지만, 한 가지 바뀌지 않은 것이 있다면, 그것은 고객에 대한 유용하고 친근한 하드웨어 서비스를 제공하는 것이라고 그들은 말하고 있습니다. 회사의 이름만 보면 에이스하드웨어의 업종이 쉽게 떠오르지 않을 것입니다. 우리나라의 전파사와 철물점, 그리고 페인트 가게를 합쳐놓은 체인점 정도로 생각하시면 무리가 없을 듯합니다.

80년 된 철물점? 우리의 정서로는 쉽게 이해가 되지 않을 수도 있습니다만 DIY(Do It Yourself)가 활성화된 미국에서는 충분히 가능한 얘기라 생각합니다. 광고를 보면 톱, 망치, 드라이버 등 각종 도구와 페인트가 보입니다. 이러한 도구들 사이로 에이스하드웨어의 유니폼을 입은 듯한 사람이 같이 걸려(?) 있는 것이 보입니다. 맨 위에 자리한 카피가 이 상황을 단숨에 정리해주고 있습니다.

Good advice is the best tool.
좋은 충고가 가장 좋은 도구다.

쉽게 생각하자면, 80년의 역사를 가진 회사라면, '우리는 최고의 제품을 판매합니다' 식의 자랑도 하고 싶을 것입니다. 하지만 에이스하드웨어는 말 수를 줄였습니다. 대신 겸손하게, 최고의 도구는 사람들의 좋은 충고라고 얘기합니다. 도구적 인간(Homo-Faber)은 단순히 도구를 사용하는 것을 의미하지 않을 것입니다. 필요하면 스스로 도구를 만들어내는 능력에 무게중심이 실려 있습니다. 어쩌면 인간의 경험이 가장 훌륭한 도구 중의 하나일 것입니다.

오늘날 에이스하드웨어의 성공은 바로 여기에 있습니다. 단순히 도구나 재료를 파는 것이 아니라, 그들은 80년의 경험과 노하우를 팔고 있습니다. 도구를 팔기 이전에 전문가의 세심한 어드바이스를 먼저 제공하는 것이 바로 에이스하드웨어의 철학이기 때문입니다.

능서불택필(能書不擇筆)이란 말이 있습니다. '글씨를 잘 쓰는 사람은 붓을 가리지 않는다' 라는 의미입니다. 중요한 것은 도구를 다루는 인간의 능력이지 도구 자체의 뛰어남이 아니라는 것입니다[물론, 해서(楷書) 전서(篆書) 예서(隸書)를 쓰는 경우, 붓에 따라 결과가 달라지기 때문에 붓을 가린다고 합니다만…].

저는 직업상 주변에서 많은 디자이너를 상대합니다. 요즈음 디자이너들은 너무나 도구(컴퓨터)에 익숙해져 있습니다. 아이디어를 내기도 전에 먼저 컴퓨터 앞에 앉습니다. 그렇다보니 컴퓨터가 표현할 수 없는 아이디어가 나오면, 그 아이디어를 포기하는 경우를 많이 봅니다.

스스로의 아이디어를 확장시키고, 더 발전시키는 도구로 컴퓨터를 이용하는 것이 아니라, 스스로의 한계를 드러내고, 할 수 있는 영역을 한정시키는 데에 컴퓨터가 쓰이고 있는 상황입니다. 이럴 때엔 과감하게 컴퓨터와 마우스를 집어 던지고, 연필을 잡고, 생각을 가다듬고, 다른 방법을 찾아보아야 합니다.

중요한 것은 컴퓨터 CPU의 처리속도가 아니라, 사용하는 사람의 생각의 속도입니다.

중요한 것은 컴퓨터의 저장용량이 아니라, 거기에 담는 우리 생각의 크기입니다.

결국 사람의 생각과 경험이 가장 좋은 컴퓨터 툴이 되는 셈입니다. 아무리 포토샵의 툴과 필터가 좋다 해도, 사람의 생각을 담지 못하면, 단순한 그림판에 불과할 것입니다.

우린 초고속 인터넷 보급률 세계 1위를 자랑하는 인터넷 강국입니다. 하지만, 중요한 것은 단순비교의 속도가 아닐 것입니다. 속도를 지배하는 것도 결국 사람의 생각과 경험이 아닐까요? 외국의 경우 M&A(기업 인수합병)의 목적을 '인재의 획득'에 둔다고 합니다. 많은 돈을 들여 투자하는 대상이 그 회사의 외형이 아니라 결국 사람인 셈입니다. 아니, 그 사람의 생각과 경험, 전문지식을 사는 것입니다.

review | 이 글을 읽은 분들이 소감을 달아주신 내용을 발췌했습니다. 감사드립니다.

이선화 _ 그 발상에 동의!
과학자들이 지난 1990년대부터 관심을 가진 분야 중의 하나가 '생각하는 컴퓨터'입니다. 지금까지 생각하는 컴퓨터에 가장 가까이 접근한 것이 '딥 블루(Deep blue)'라는 컴퓨터 프로그램인데, IBM이 설계한 이 슈퍼컴퓨터 프로그램은 1997년 세계 체스 챔피언인 게리 카스파로프를 물리쳤습니다. 그러나 이것이 딥 블루가 카스파로프보다 생각하는 힘이 좋다는 의미는 아닙니다. 딥 블루는 1초에 2억 가지나 되는 체스의 수를 계산하는 능력을 십분 발휘했고, 그 수싸움에서 이긴 것입니다. 흥미로운 사실은 딥 블루가 초당 2억 번의 계산을 하는 동안 카스파로프는 이길 수 있는 시나리오 몇 가지만 집중적으로 생각한 것입니다. 인간지능의 미묘함은 바로 여기에 있습니다. 그래서 과학자들은 지능이라는 것을 다시 생각하고 있다고 합니다. 경험은 지식을 능가한다!

김선화 _ 항상 좋은 글에, 한줌이던 마음이 한아름이 돼서 나가게 되네요! 감사해요.

희망의 힘, 긍정의 힘,
상상의 힘!

믿음＋기대

Image
Training

Agency
;Leagas Delaney
Art Director;Bradley Wood,
Copywriter;Steve Morris,
Photographer;Mark Borthwick,
Illustrator;Tim Caton

희망의 힘, 긍정의 힘, 상상의 힘

당신은 지금 인생의 어느 지점에 서 계십니까?
당신은 지금 어느 방향을 향해서 달리고 계십니까?
혹시, 하는 일이 뜻대로 되질 않아서
대충 '되는 대로', '편한 대로' 하루를 보내고 계시지는 않은가요?
지금은 비록 별볼일 없는 존재 같지만
언젠가는 당당하고 멋지게 나 자신을 펼쳐 보일 날이 있을 것이라는
막연한 기대만을 걸고 계시진 않은가요?

이번에 소개해 드리는 광고는 '희망' 이란 브랜드입니다. 아디다스는 이 광고에서 희망
의 힘을 팔고 있습니다(샌프란시스코에 소재한 Leagas Delaney에서 만든 아디다스 광고
캠페인입니다). 광고를 보면 아무도 없는 길을 고독하게 달리는 사람이 보입니다. 아마
도 이 사람은 마라톤 선수인 것 같습니다. 살아가는 것이 모두 불확실한 것 투성이지만,
그래도 달리는 것만은 정직하게 자신을 반영해 주리라는 믿음으로 스스로를 위로하며
달려가고 있는 것 같습니다.

비록 지금 달리는 길은 아무도 없지만, 언젠가는 수많은 관중의 환호성 속에서 '우리는
이겼노라' 를 외치던 페이디피데스의 감격어린 순간을 맛볼 수 있으리라 생각하겠지요.
달리는 길 옆으로는 마라톤 선수의 이러한 생각들을 라인드로잉에 담아 보여주고 있습니
다. 스스로 힘들고 포기하고 싶은 순간마다, 수많은 관중의 응원소리를 떠올리겠지요.
이렇게 달리고 또 달리다 보면, 어느덧 목표지점에 가까워질 것입니다.

흔히들 마라톤은 42.195km라는 거리와의 싸움이 아니라, 자기자신과의 싸움이라고들
얘기합니다. 2시간 4분 55초(세계 신기록)라는 시간과의 싸움이 아니라, 100m당 18초에
달려야 하는 속도와의 싸움이 아니라, 순간 순간 밀려드는 외로움과의 경쟁이라고 얘기
합니다.

마라톤이 '고독과 사유의 운동' 이라 불리는 것도 달리는 순간 늘 혼자일 수밖에 없다는
이유때문이겠지요. 심장이 터질 것 같은 압박 속에서 몇 번이고 찾아오는 포기하고 싶은

순간들…

'멘탈 트레이닝' 혹은 '이미지 트레이닝' 이란 말을 들어보신 적이 계신가요? 아사리 준코라는 마라톤 선수는 실제 마라톤 훈련과 병행해 이미지 트레이닝을 한다고 밝혔습니다. 실제의 마라톤 코스를 마음 속에서 그리고 레이스를 상상하는 것이지요. 자신이 달려야 할 실제 코스를 떠올리며, 마음 속으로 한 발 한 발 뛰어갑니다. 다른 선수를 제치고 선두로 나갈 타이밍을 생각하고, 승부를 걸어야 하는 장소를 상상합니다. 수많은 관중들의 환호와 금메달을 목에 거는 시상식을 마음 속에서 그려봅니다. 그리고 훈련도, 실제 레이스에서도 상상한 대로 행동합니다. 이 방법으로 아사리 준코는 세계육상선수권 대회에서 우승을 하게 됩니다. 우리의 생각이나 상상만으로도 뇌의 영역이 활성화된다고 합니다. 이것은 막연한 짐작이나 추측으로 말씀드리는 얘기가 아닙니다. 실제로 사람의 생각과 몸과의 연관성을 과학적으로 분석해낸 사례들이 많습니다. 희망의 힘은 결국 의학,생리학적으로도 어떤 좋은 약과 운동보다도 더 큰 효과를 발휘한다는 것입니다. 희망의 힘은 '믿음' 과 '기대' 라는 성분으로 이루어져 있습니다.
'믿음' 과 '기대' 라는 이 긍정의 힘이 실제의 어떤 물리적인 힘보다도 강하다는 사실이지요.

당신은 지금 인생이라는 경기의 마라톤을 하고 있습니다.
어쩌면 우리가 살아가는 일 자체도 외로움과의 지루한 달리기일지도 모릅니다.
하루하루 일상의 무게가 견디기 힘들어서 이쯤에서 그만두고 싶은 생각도 문득 문득 스쳐가겠지요. "오늘은 컨디션이 안좋아. 내일부터 다시 시작하지 뭐"라는 마음도 듭니다. 그러다 보면 하루하루의 계획들이 정돈 안 된 책상처럼 점점 쌓여만 갑니다. 일은 미루다 보면 습관이 됩니다. 해야 할 일들과 미루어 놓은 계획들에 치여서 하나 둘씩 포기하는 일들이 생겨납니다. 이제 어떻게 할까요? 이럴 때 이미지 트레이닝을 한 번 해보면 어떨까요?
당신이 해야 할 일들을 떠올려봅니다. 가능하다면 짜증을 내지 않고…
그리고 당신이 그 일을 해냈을 때의 주변의 반응과 스스로의 성취감을 상상해 봅시다.
구체적으로 해야 할 일들을 기록합니다. 언제 집중하고, 언제 어떠한 결정을 내려야 할지를 마음 속으로 생각합니다. 그리고 실제로 그렇게 진행해 보는 것입니다. 그렇게 긍정적으로 일을 처리하다 보면 어느 순간 믿어지지 않을 정도로 모든 일들이 순탄하게 풀려갈 것입니다.

당신이 달려야 하는 곳은 '바로 지금 여기' 라는 트랙입니다. 우리가 오를 인생이란, 희망이란 봉우리는 바로 지금 당신 앞에 있습니다. 내일은, 더 거창한 계획들은, 아마 언제 사라질지 모릅니다. 힘들겠지만, 고독하지만, 어렵겠지만 바로 지금의 순간들과, 나약해지려는 자기자신과 싸워야 합니다. 일상을 흔드는 외로움과, 내일로 미루려는 안일함과 우린 경쟁해야 합니다.

다행히도 당신에게는 하늘을 달릴 수 있는, 헤르메스의 날개 달린 신발 한 켤레가 있습니다. 그 신발에는 '희망의 힘' 과 '긍정의 힘' 이라는 날개가 달려 있습니다. 가만히 앉아서 어느날 우연히 찾아오는 '쨍하고 해뜰날' 을 기다리지 마십시오. 그런 날을 기다리느니 차라리 로또를 사는 쪽이 훨씬 빠를 것이란 생각입니다. 최근의 어느 맥주광고의 카피가 생각납니다.

부딪쳐라! 인생은 부딪치며 배우는 거다! 지금 당신이 하고 계신 일과, 당신이 꾸고 계신 꿈과 부딪치십시오. 싸우십시오. 그러면 당신 주변에 당신을 응원하는 수많은 사람들이 비로소 보이길 시작할 것입니다.

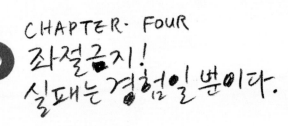

CHAPTER· FOUR
좌절금지!
실패는 경험일 뿐이다.

For people who think bigger than they are. **Large** magazine

think bigger than they are. **Large** magazine

산로의 존재보다
생각이 더 큰 사람을 위하여,

Agency;DDB, Ultimo
Art & Copy;Jay Furby
Photographer _ Sean Izzard

스스로의 존재보다
'생각'이 더 큰 사람을 위하여…

호주에 있는 광고회사 DDB에서 제작한 *Large Magazine* 〈라지 매거진〉 광고입니다. 〈라지 매거진〉은 호주 시드니에서 발행(발행인_Barrie Barton)되는 스트리트 매거진입니다. 대개의 스트리트 매거진이 그렇듯 〈라지 매거진〉도 주로 젊은이들이 많이 드나드는 장소나, 뮤직 스토어 같은 곳에서 무료로 배포됩니다. 무료로 배포되다 보니 주 수입원을 전적으로 광고에 의존할 수밖에 없습니다. 여기서 스트리트 매거진의 한계점이 드러납니다. 기사거리 하나라도 수익에 도움이 될 만한 것을 찾다보니 자연스럽게 내용 전체가 광고이거나 광고적 성격이 농후한 이야기들로 채워질 수밖에 없습니다. 다른 매체에서 말하는 일, 이른바 '저널리즘적 윤리' 같은 것을 당연히 기대하기 힘들겠지요. 〈라지 매거진〉도 그런 한계점을 인식하지 않을 수 없었을 것입니다. 〈라지 매거진〉 광고는 스트리트 매거진에 대한 이러한 일반적인 인식을 바꿔보려는 노력의 일환으로 제작된 것 같습니다.

앞의 광고를 보면 막 결혼식을 마친 신혼부부의 기념촬영 사진 같습니다. 신부는 세상의 모든 기쁨을 가진 것처럼 환하게 웃고 있습니다. 신랑 역시 친구들로부터 케익 세례를 받았는지(아니면 화상의 흔적일 수도 있습니다) 얼굴이 엉망이 되었지만, 즐거운 표정을 감추지 못합니다. 여기까지는 보통의 결혼식 사진과 크게 달라 보이지 않습니다. 그러나 자세히 관찰해 보면 신부의 등뒤로 갈고리가 보입니다. 신부가 든 부케를 받치고 있는 것도 보통 사람의 손이 아닌 갈고리입니다. 이쯤에서 우리는 이 결혼식이 일반적인 사람들의 결혼이 아니라는 것을 깨닫게 됩니다. 신랑은 어떤 연유에서건 양손을 잃은 사람입니다. 반대로 신부는 세상 누구도 부러워할 것 없는 미모를 지닌 여인입니다. 이 어울릴 것 같지 않은 두 사람의 결합은 생각보다 많은 것을 암시하고 있습니다. 그 어떤 사람들보다 집안의 반대가 심했을 겁니다. 아마 신부는 어제까지도 힘겹게 가족과 친구들의 걱정어린 시선을 정면으로 마주해야 했을 겁니다. '야, 네가 뭐가 부족하다고 그런 사람과 결혼을 해~ 네가 정신이 있는 애니?' … '잘 생각해 봐, 결혼은 사랑만으로 되는 게 아니야~' … 이런 주변 사람들의 우려를 수없이 들었을 겁니다. 신랑에게는 손이 없는 불편함보다 세상의 편견이 더 참기 힘든 고통이었을 것입니다. '당신이 우리 애를 진정 사랑한다면, 우리 애를 제발 놔줘요~' 라는 신부 부모님의 위협(?)도 감내해야 했을 듯합니다. 그 누구보다도 두 사람의 마음고생은 심했을 겁니다. 아무튼 두 사람은 마침내 이런 세상 사람들의 편견을 이겨내고, 결혼식을 올렸습니다. 당연히 세상 누구보다도 기쁠 것입니다. 밑의 조그만 카피가 매우 인상적입니다.

스스로의 존재보다 '생각' 이 더 큰 사람을 위하여…

For people who think bigger than they are. _Large Magazine
스스로의 존재보다 생각이 더 큰 사람들을 위하여 _〈라지 매거진〉

밑의 광고를 보면 잔잔한 웃음이 퍼집니다. 누가 보아도 거지임을 알수 있는 사람이, 다른 거지에게 돈을 주고 있습니다. 마음의 크기만은 거지가 아닙니다. 흔히들 못사는 사람이 더 많이 다른 사람을 돕는다고 합니다. 그런 상황을 겪어 보았기 때문에 남의 일 같지가 않다는 것입니다. 이 사람은 비록 거지일지도 '스스로의 존재보다 더 크게 생각하는 사람' 임에 틀림없습니다. 마음만은 그 어떤 부자보다 더 큰 듯합니다. 이 광고는 'Large' 라는 본래 이 매거진의 이름에서 컨셉을 뽑아냈습니다. '크다' 라는 것은 단지 외형에 있는 것이 아니라 '생각' 에 있다는 것을 잘 대변해 주고 있습니다.

우리는 제각기 자신의 '그릇' 이 있습니다. 마음이 바늘구멍 크기 만한 사람이 있고, 마음의 용량이 1.5 l 페트병인 사람이 있습니다. 생각의 폐활량이 '담배 한 모금' 인 사람이 있는 반면, 열기구의 '대형풍선' 같이 큰 사람이 있습니다. 남들과 같은 높이로 세상을 본다면, 시야가 달라질 수 없습니다. 키는 작지만 마음이, 생각의 크기가 큰 사람은 껍데기가 아닌 본질을 볼 수 있습니다. 그런 사람이야말로 스스로의 용량을 깨뜨리는 사람이 아닌가 생각합니다.

사람은 자신이 상상한 대로 만들어진다고 합니다. 내가 어떤 마음과 생각을 하느냐에 따라서 나의 용량도 결정되는 것이지요. 나의 생각과 나의 마음은 과연 나 자신보다 큰가요? 말로만, 겉보기로만 더 큰 것이 아닐까요?

조금만 더 크게 생각합시다. 신은 '인간 스스로 감당할 수 있는 고통' 만을 인간에게 준다고 들었습니다. 바꿔 말하면, 우리가 스스로 감당하지 못하는 것들은 아무것도 없다는 말입니다.

중요한 것은 스스로 '감당' 할 마음의 태도와 용량인 것입니다. 내가 이겨낼 수 있다고 생각하면, 반드시 이겨내기 마련입니다. 내가 더 크게 생각한다면, 더 큰 사람이 되는 것입니다.

내가 더 깊게 마음 쓴다면, 내면이 깊은 사람이 되는 것이지요.

어떤 크기로,

어떤 용량으로 세상을 살아가시겠습니까?

THINK BIG!

기회는 '준비된 사람'에게만 그 모습을 드러냅니다.
당신은 지금 무엇을 준비하십니까?

지금 당신의 자리는 어떻습니까?

적당하게 따뜻해서 약간은 졸음이 오기도 합니까?

크게 실수만 하지 않으면 내일도 계속해서 같은 자리에 앉아 있을 거란 기대를 하지요. 어느 정도 직장생활에 익숙해져서 별 어려움 없이 하루하루를 잘 살아가고 계실 겁니다. 내가 해야 할 것과 하지 말아야 할 것도 물론 잘 알고 있겠지요. 그리고 어떻게 해야 나의 자리가 안전할지를 본능적으로 깨닫고 계실 겁니다. 우리가 흔히 말하는 '눈칫밥'이란 것도 이제는 익숙해졌겠지요. 지금 자신에게 '부족한 것은 적당한 운동이다'는 말로 건강을 먼저 챙기고 계시겠지요. 좋습니다. 이렇게 생활하고 살아가다 보면, 당신은 그럭저럭 퇴직금도 받고, 연금도 받아가면서 큰 걱정거리 없이 노후를 맞을 수 있을 겁니다. 또 한 번의 IMF가 오지 않는다면 말이죠.…

한때 '준비된 사람'이란 말이 유행처럼 쓰였던 때가 있었습니다.

'준비된 사람'이라…

기업에서 '준비된 사람'이라고 하면, 바로 '인재(人材)'를 의미하겠지요. 즉, 바로 현장에 투입될 수 있는 '실무적응 능력'과 주어진 상황에 효율적으로 대처할 수 있는 '문제해결 능력'을 갖춘 사람을 의미할 것입니다. 기업의 입장에서 본다면, 오히려 이런 실력을 갖춘 사람을 찾기가 어렵다고 토로합니다. 더 많은 '준비된 사람'이 필요한 세상입니다.

당신이 지금 준비하고 있는 것은 무엇입니까?

우리 사회는 IMF라는 경제위기를 지나왔습니다. 일시적인 고통이야 그냥 참고 견디면 해결이 된다지만, 이 IMF의 후유증은 우리에게 상당한 체질개선을 요구했습니다. 우선, 평생직장이라는 개념이 사라졌습니다. 대신에 평생직업이라는 말이 그 자리를 대신합니다. 예전 같으면 한자리에서 오래 있으면, 그냥 전문가가되고, 남들로부터 인정을 받았습니다. 그렇지만 지금은 자신의 일에 전문적인 것은 물론, 컴퓨터와 영어에 능통해야 전문가란 소리를 좀 듣게 됩니다. 마치 일모작에서 다모작으로 넘어가던 농경사회 때의 풍경과 일치하는 것 같습니다. 우리의 인생도 다모작이어야 한다는 결론입니다. 한 번 농사로는 여전히 빈농의 굴레에서 벗어날 수 없는 것이지요. 같은 땅에서도 몇 번의 수확을 거둬들여야 비로소 수지타산이 맞는다는 것입니다. 최근에 '투 잡'이니 '쓰리 잡'이니 하는 얘기도 결국은 다모작을 의미하는 것이겠지요. 그러다 보니 요즘 사람들을 가리켜 '디지털 유목민'이라고도 표현합니다. 새로운 환경과 먹이를 찾아서 끊임없이 이동을 준비해야 하는 유목민의 생활과 크게 다르지 않다는 것이지요. 같은 땅이라도 다모작을 해야 하고, 더 이상 같은 땅에서 수확을 기대하기 힘들다면, 과감하게 버리고 이동을 해야 한다는 겁니다. 그래야만 다가올 겨울의 추위를 견디고, 내년의 봄을 맞이하겠지요. 자기자리에 만족하지 않고 끊임없이 이동을 준비해야만 살아 남을 수 있는 시대입니다. 지금 안락하고, 따뜻하다고 해서 안주해 버린다면, 그냥 내일 아무 일도 일어나지 말기를 기도해야 합니다. 우리 회사의 신제품이 순탄하게 팔려나가고, 전문지식으로 무장한 신입사원들을 더 이상 회사에서 채용하지 않기를 기대해야 합니다. 지금 당신의 자리가 안락하고 따뜻하다면, 바로 지금이 이동을 준비해야 할 시간입니다.

끊임없이 스스로에 투자하고, 새로 나온 지식들을 섭렵해야 합니다. 대기업에서는 흔히 '시나리오 경영'이라는 말을 많이 거론합니다. 지금은 이렇지만 다가올 경우의 수를 생각해서, A라는 상황이 발생하면, 거기에 맞는 시나리오를 준비합니다. 만약 A라는 상황이 오지 않고 B라는 상황이 온다면, 또한 그 B상황에 맞는 예측 가능한 가상의 시나리오를 만들어 놓는다는 말입니다. 이런 '시나리오'는 비단 기업뿐만 아니라 개인에게도 절대적으로 필요합니다. 왜냐하면, 나를 보호해 줄 수 있는 것은 냉철하게 말하면, 이제 나 자신밖에 없기 때문입니다. 내일 우리 회사가 부도가 난다 하더라도, 자신 스스로 생존할 수 있는 시나리오는 만들어져 있어야 합니다. 그렇게 하려면 스스로에게 좀더 차가워질 필요가 있습니다.

몇 년 전 겨울 수도원에서 '수사신부'로 있는 친구를 만나러 간 적이 있습니다.

그 친구는 한겨울인데도 불을 때지 않은 냉방에서 두꺼운 겉옷을 몇 겹 걸쳐 입고 있었습니다. 이유를 묻자 그것도 하나의 수련이라고 얘기하더군요. 그렇게 추위를 견딤으로써 추위에 떨고 있는 사람의 심정을 헤아려보고, 스스로 나약해지려는 마음을 다잡는다더군요. 그는 스스로 춥게 만들어서, 내면의 방을 따뜻하게 데우고 있었습니다.

우리는, 방 안의 공기가 조금 서늘하면, 쉽게 긴장이 풀어지지 않습니다. 그래서 스스로 약간은 불편한 자리를 만들어 몸과 마음이 쉽게 풀어지지 않도록 주의해야 합니다. 그래야만 지금의 자리에 머무르려는, 움직임을 귀찮게 생각하는 나약한 마음을 물리칠 수 있습니다.

고인 물은 반드시 썩게 마련입니다. 그렇지 않게 하려면 끊임없이 자기를 정화시키든가, 아니면 다른 곳으로 쉼없이 흘러가야 합니다. 그렇게 흐르다 보면, 새로운 강물을 만나기도 하고, 눈부신 파도도 만나실 수 있을 겁니다.

지금 당신은 이동을 준비해야 합니다.

파도가 되고, 바다가 되기 위해서…

내일이 아니라, 5년 후, 10년 후에 '준비된 사람'을 위해서…

분명한 것은 기회는 '준비된 사람'에게만 그 모습을 드러낸다는 사실입니다.

당신은 지금 무엇을 준비하십니까?

187

61

Agency; Saatchi & Saatchi
Art & Copy;
Andy DiLallo, Jay Benjamin

Impossible
= I'mpossible

중요한 것은
'언제'가 애고 '무엇'에 있습다.
(↑ 뒤집에 생각하면
기회가 보인다.

뒤집어 생각해 보면,
기회가 보입니다

중요한 것은 '언제'가 아니라 '무엇'에 있습니다

뒤집어 생각해 보면, 즉 생각의 방향을 바꿔 본다면, 의외로 쉽게 문제가 해결되는 경우가 있습니다. 호주 시드니(Sydney) Saatchi & Saatchi란 광고대행사의 Andy DiLallo, Jay Benjamin이 제작한 Olay Oil의 광고캠페인입니다. 화면의 정가운데 61이란 숫자가 표시되어 있습니다. 박찬호의 등 번호와 같습니다(요즘 슬럼프에 빠진 듯 합니다만…). 왼쪽 위쪽을 살펴보면 Olay사의 오일이 거꾸로 인쇄되어 있습니다. 바로 이 광고를 뒤집어 보라는 얘기입니다. 거꾸로 보면 61이란 숫자가 19로 바뀝니다. 올레이 오일을 바르면, 피부도 젊게 된다는 것을 재미있게 전달해 주고 있습니다. 젊어진다는 것을 싫어할 사람이 과연 있을까요?

저는 이 광고를 보면서 갑자기 사무엘 율만의 〈청춘〉이란 글이 떠올랐습니다. 청춘이란 인생의 한 시기를 가리키는 말이 아니라 마음의 상태를 나타내는 말이라는… 즉, 생각에 따라서는 얼마든지 우린 청춘으로 늙어갈 수 있다는 얘기지요. 학교다닐 때는 그저 '교과서에 나오는 진부한 교육적인 이야기'라고 염두에 두지 않았던 글이었지요. 그러고 보니 저도 나이를 먹긴 먹어가나 봅니다.

세월보다 빨리 늙어가는 사람이 있는가 하면 세월이 지나도 젊은 열정이 느껴지는 사람들이 있습니다. 이런 사람들의 공통점은 무엇일까요. 그것은 아마 위의 광고처럼 뒤집어 볼 줄 아는, 그래서 위기에서 기회를 발견하는 태도가 아닐까 생각해 봅니다. 결국 생각이 젊다면, 우린 61살의 나이에도 19의 에너지를 가질 수 있을 겁니다.

흔히 광고대행사에서는 마흔이 넘으면 '환갑'이라는 자조적인 얘기가 있습니다. 얘기인 즉슨, 40을 넘으면서 크리에이티브가 전처럼 발휘되지 않는다는 거죠. 서서히 머리와 손이 굳어 간다는 얘기입니다. 그래서 그 이후로는 젊었을 때 '난다 긴다' 하는 광고회사의 크리에이터들도 자의반 타의반 관리직으로 빠지는 경우가 허다합니다. 그때부터 갑자기 나이를 더 먹는 느낌이라고들 합니다. 이것이 우리나라 광고와 디자인계의 현실이라고 인정해 버리기 전에 잠시만 생각해 봅시다. 사회의 시스템 자체가 그렇다고, 세상이 나를 바라보는 나이가 그렇다고 순응하기 전에 스스로의 에너지를 점검해 봅시다. '얼마나 더 달릴 수 있을 까? 를 걱정하지 말고 '목표가 어디에 있나? 를 먼저 걱정해 봅시다.

우리에게 주어진 자리가 '안락' 하다고 생각하는 순간, 우린 그 '자리' 란 놈에게 주도권을 빼앗기고 맙니다. 지금 당신의 자리가 편안하다면, 그것은 분명 문제가 있습니다. 크리에이티브는 '안락함' 속에서 나오는 것이 아니라 '치열함' 속에서 나오기 때문입니다. 바로 그 생각의 '치열함' 이 사람의 젊고 늙음을 판단하는 기준이 되는 것이 아닐까요? 그런 생각의 '치열함' 이 있다면 마흔이란 숫자가 중요한 것이 아니겠지요. 제 주변을 보아도 50이 넘어도 여전히 현역에서 훌륭한 결과물을 보여주는 분들이 참 많습니다(아시죠? impossible은 i'm possible이라는 것!). '불변은 상상력 없는 인간의 마지막 도피처' 란 오스카 와일드의 말이 생각납니다.

제가 여기서 진시황이 그토록 찾아 헤매었다는 '불로초' 생산지를 알려드리겠습니다. 그것은 바로 '젊다고 생각하는' 당신의 마음입니다. 61살의 나이로도 19살의 푸르름을 간직할 수 있는 것! 그것은 올레이 오일이 아니라, 젊은 당신 '마음의 오일' 입니다.

그 엔진오일로 당신의 엔진을 정비해보세요. 상상력 엔진을…

정말 중요한 것은 '언제' 라는 인생의 시점이 아니라, '무엇' 을 하느냐에 달려 있습니다. 당신이 하는 일에 젊은 생각으로 도전한다면, 당신은 청춘입니다.

다음은 우리에게 익히 알려진 KTF 광고 중에 '나이는 숫자에 불과하다' 편에 나오는 카피입니다.

나이는 숫자에 불과하다.
조지 부시 전 미대통령은 일흔두 살의 나이에 낙하산을 탔습니다.
백범 선생이 동학운동을 시작한 것은 열여덟이었고, 피카소의 마지막 사조가 시작된 것은 그의 나이 여든한 살 때였습니다. 나이가 몇 살이냐는 중요하지 않습니다.
뜻이 있다면 일흔이 넘어 대학생이 될 수도 있고, 실력이 있다면 스무 살 나이에 교수가 될 수도 있습니다. 무슨 일을 하기에 적당한 나이란 없습니다.
KTF적인 생각을 하는 사람들에게, 나이는 숫자에 불과합니다.

열정과 에너지가 있다면 너무 젊다든가, 너무 나이가 들었다든가 하는 것은 별 문제가 되지 않습니다. 나이란 능력과 관계가 없다는 것, 나이란 스스로를 바라보는 '태도'와 관련이 있다는 것을 잊지 맙시다.

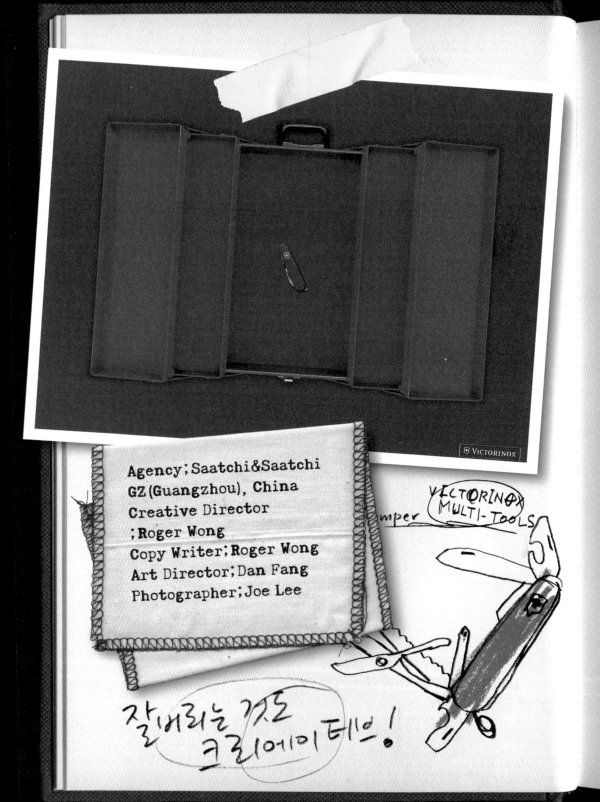

Agency ; Saatchi&Saatchi
GZ (Guangzhou), China
Creative Director
; Roger Wong
Copy Writer ; Roger Wong
Art Director ; Dan Fang
Photographer ; Joe Lee

VICTORINOX
MULTI-TOOLS

잘버리는 것도
크리에이티브!

버림으로 채워지는 것들
잘 버리는 것도 크리에이티브!

아이디어를 잘 만들어 내는 것도 중요하지만, 어느 순간에는 버릴 줄 아는 것도 좋은 아이디어가 됩니다. 아이디어를 버린다… 다소 의외로 들릴지 모르겠지만 아주 중요한 얘기입니다. 뉴욕 광고제에서 대상(베스트 포스터 부분)을 받은 Victorinox Army Knife사의 포스터입니다.

텅빈 공구함에 우리에게 흔히 '스위스 칼'로 잘 알려진 빅토리녹스의 Army Knife가 달랑 하나 들어 있습니다. 그 흔한 헤드라인도 한 줄 없습니다. 웹사이트나 전화번호도 표시되지 않았습니다. 심지어 빅토리녹스의 심볼이나 로고조차 보이지 않습니다. 웬만한 배짱과 자신감이 아니라면 나올 수 없는 크리에이티브라 생각합니다. 저는 이 포스터를 만들면서 고민한 제작스태프의 흔적이 보이는 것 같습니다. 카피라이터는 마지막 순간까지 헤드라인을 넣을까 뺄까를 고민했을 것이고, 디자이너는 빅토리녹스의 심볼마크를 넣을까 말까를 고민했을 것입니다.

보통 인쇄(광고)매체의 기대수명은 얼마나 될까요? 유감스럽지만 몇 초에 지나지 않을 겁니다. 광고를 제작하는 사람들의 기대와 달리 광고를 접하는 소비자들은 순식간에 광고를 지나쳐 버립니다. 이 짧은 순간에 그다지 보고 싶지도 않은 광고의 카피(광고문안)를 제대로 읽어줄 소비자는 그리 많지 않을 것입니다. 그야말로 몇 초 안에 승부가 갈리는 것입니다. 그 짧은 사이에 광고가 소비자의 기억 속으로 얼마나 흡수해 들어가느냐가 중요한 것이죠. 그런 관점에서 이 포스터를 보면, 카피 한 줄 없지만 오히려 더 많은 이야기를 해주고 있습니다. 카피를 안쓰는 것도 아주 훌륭한 카피라는 것을 역설적으로 말해주고 있습니다. 포스터의 비주얼(*Visual*)이 모든 것을 순식간에 얘기해 주고 있습니다.

'빅토리녹스의 칼(Army Knife) 하나면 모든 공구가 필요없다'라고…

카피는 비주얼과 서로 돕는 관계입니다. 비주얼을 설명하는 것이 카피가 아닌 것이죠. 반대의 경우도 마찬가지입니다. 카피를 그대로 풀어주는 비주얼이라면 얼마나 지루하겠습니까? 광고는 어린이의 그림책이 아닌 것입니다.

잘 버릴 줄 아는 것 그것은 용기이자, 또 하나의 크리에이티브라 생각합니다. 우린 너무 많은 욕심들을 들고 있습니다. 이것도 들어가야 되고, 저것 역시 표현하고 싶고… 이러다 보면, 목적이 약해집니다. 상당히 무뎌진 표현이 되고 마는 것이죠. 결국 우리의 욕심 때문에 아무것도 얻지 못할 수 있다는 것입니다. 날이 서지 않은 칼로는 아무것도 자를 수 없습니다. 빅토리녹스의 광고포스터는 잘 버림으로 해서 오히려 소비자의 관심을 얻게 된 것이죠.

버리고 버려서 크리에이티브의 날을 날카롭게 만드는 일.
버림으로 오히려 더 강해지게 만드는 것.
비단 광고에 한정된 얘기가 아닐 것입니다.
우리 몸도 소화가 잘되고 배변이 원활해야 건강함을 유지할 수 있듯이…
우리의 생활 역시 마찬가지란 생각입니다.

유미 _ 저는 이 글에 만땅 별표를 주고 싶어요… 못 버린게 너무 많으니…

김경하 _ 이걸 제대로 못해서, 늘 결과물이 포인트 없는 복잡한 그 무언가가 되버리더군요. 잘 버려야 할 텐데…

유나원 _ 디자인이란 더하는것이 아니라 빼는 것이라는 말이 생각나네요.

조인영 _ 제게 크게 다가오는 문구네요. 버림

천강석 _ 아! 아직도 이 문제가 과제로 남는군요… 버릴 때 버려야 한다는…

사람은 자기가
생각하는 그대로 존재한다.

Pygmalion →

피그말리온
이펙트

재발, please...
저두 비너스(마징가Z의 여자로보트)와
결혼하게 해주세요.

The
Pygmalion
Effect

사람은 자기가 생각하는 그대로 존재한다

피그말리온 이펙트(*effect*)

간절히 원하면 이루어집니다. 정말 그럴까요?

그리스 로마 신화에 보면 피그말리온이라는 조각가가 등장합니다. 여자를 대하는 데 능숙하지 못한 피그말리온은 평생 혼자 살아가야 될 판이었죠. 어느날 그는 아주 아름다운 여인 조각상을 만들게 됩니다. 이 조각은 상아로 만든 것이라고는 믿어지지 않을 정도로, 완벽한 아름다움 그 자체였습니다. 피그말리온은 날마다 이 아름다운 조각상에 도취되어 바라보기만 해도 즐거웠습니다. 그러다 그만 자신이 직접 만든 이 조각을 사랑하게 되었습니다. 피그말리온은 여인 조각상을 안아보기도 하고, 어울릴 만한 선물과, 심지어 옷도 만들어 주었습니다. 마치 자신의 아내가 된 듯이 피그말리온의 사랑은 끝이 없었지요. 그러던 어느날 아프로디테(아름다움과 사랑의 여신) 축제가 키프로스섬에서 열리게 됩니다. 피그말리온은 아프로디테의 제단 앞에서 간절하게 빌었습니다. 저 조각 같은 여인을 저에게 달라고…

집에 돌아온 피그말리온은 여인 조각상에 입을 맞추었습니다. 그런데 놀라운 일이 벌어졌습니다. 입에서 전해지는 따뜻한 온기… 그리고 부드러운 피부의 감촉… 체온의 숨결… 가볍게 뛰는 심장의 소리… 피그말리온은 뛸 듯이 기뻤습니다. 자신이 꿈에 그리던 바가 현실로 나타나게 된 것이지요. 사랑의 신 아프로디테가 그의 간절한 소원을 들어준 것입니다. 이 여인의 이름이 바로 〈갈라테이아〉입니다.

생각하는 대로 결과가 나타나는 것. 이것을 피그말리온 효과(*effect*)라 부릅니다.

이것은 마법 같은 주문이 아닙니다. 실제로 우리의 속에서 쉽게 일어나는 일이지요. 간절히 원하면 자신의 생각의 방향이나 행동이 모두 같은 곳을 향하게 됩니다. 그러다 보면 자신도 모르는 사이에 운명 역시 같은 방향으로 진행되는 것입니다. '하고 싶다'는 것은 어느새 '할 수 있다'로 발전하게 되는 것입니다. 스스로 성공을 꿈꾸면, 성공하게 되고… 실패를 먼저 생각하면 실패하게 되는 것은 어쩌면 너무 당연한 말일지도 모릅니다. 옛말에 '모든 것은 마음 먹기에 달렸다' 라는 말의 의미가 바로 이 피그말리온 효과인 것입니다.

대다수의 '자기발견' 책들도 바로 이 피그말리온 효과에 기초합니다. '부적' 의 힘도 상당부분 이러한 '생각의 힘' 에 의존하는 것이 아닌가 생각합니다. '부적' 을 몸에 지니고 다녀서 상황이 바뀌는 게 아니라, 스스로 그렇게 생각함으로써 상황을 바꿔나가는 것이겠지요. 위기(危機)란 단어도 '위험' 과 '기회' 라는 의미를 모두 내포한다고 우리는 수없이 들어왔습니다. 생각에 따라서는 위기상황이 새로운 '기회' 의 출발점이 된다는 것입니다. 우리 일상 속에서도 비슷한 경우는 많이 보아 왔습니다. '몸이 피곤하다' 라고 생각하면 여지 없이 몸이 안 좋아집니다. 그러나 '이 정도는 이길 만한데…' 라고 생각한다면, 어렵지 않게 회복할 수 있습니다.

스스로를 한 번 믿어봅시다.

물론 믿는 데서 끝나면 안되지요. 스스로를 믿는 만큼, 스스로를 책임질 수 있는 행동이 뒤따라야겠지요. 그렇게 걸어가다 보면, 어느 순간 눈부신 〈갈라테이아〉를 만날 수 있습니다.

어차피 살아가야 한다면, 내가 살아가는 이유를 세상에 한 번 보여줘야 하지 않을까요?

기억하세요.

사람은 자기가 생각하는 그대로 존재합니다.

21세기 일의 의미는
Work & Play
일을 즐겁게 하는 자는 세상이 천국이다!

일을 즐겁게 하는 자는 세상이 천국이요,
일을 의무로 생각하는 자는 세상이 지옥이다
_ 레오나르도 다빈치

지금 하는 일이 지겹습니까? 마지못해 위에서 시키니까 짜증스럽게 일을 하고 계신가요? 퇴근시간을 기다리며, 시계만 뚫어져라 쳐다보고 있으신가요? 일을 해도 신이 나지 않고, 자신감은 언제 봤는지 기억이 나질 않으신가요? 그렇다면 당신은 후천성 열정결핍증의 초기단계입니다. 사람은 살아가다 보면 여러 번의 '슬럼프' 라는 것을 만나게 됩니다. 몸에 에너지가 다 빠져나간 것 같고, 하는 모든 일에 의욕을 상실합니다. 그럴 때 당신은 어떤 처방을 갖고 계신가요?

그냥 시간으로 적당히 때우고 있나요? 친구를 만나 '수다' 를 떠십니까? 아님, 정신없이 스스로를 지치게 만들어, 그런 생각들을 떨쳐버리십니까? 그것도 아니면, 책상을 치워보고, 다른 회사에 이력서라도 보내십니까? 이도 저도 아니면 아무 생각없이 누워서 TV를 눈이 아프도록 보십니까? 물론 이러한 것들도 슬럼프를 이겨내는 데 도움이 되지만, 진정한 의미에서 슬럼프를 극복하는 방법은 아닐 것입니다. 바로 슬럼프를 회피하는 방법이 아닌가 생각됩니다.

이렇게 회피한 슬럼프는 한동안 잠복기를 거친 다음, 내성을 키운 바이러스처럼 더 크게 찾아옵니다. 그 때도 그냥 슬럼프를 피해 가기만 할 것입니까?

사람은 기본적으로 부담되는 일은 회피하려는 경향이 강합니다. 골치아프고, 머리 복잡한 일들을 해결하기보다는 적당한 이유를 만들어 그런 걱정으로부터 피해가려는 본능이 있다고 합니다. 그러나 세상 어디에도 안전한 도피처는 없습니다. 지금이 당신이 겪고 있는 일들과 한 판 승부를 벌여야 할 때입니다. 슬럼프와 정면으로 부딪쳐야 합니다.

죽이 되든 밥이 되든 온힘을 다해 견뎌내야 합니다.

제가 근무하던 회사의 엘리베이터에 붙어 있는 글입니다.

일을 즐겁게 하는 자는 세상이 천국이요, 일을 의무로 생각하는 자는 세상이 지옥이다.

이전에 레오나르도 다빈치가 한 이야기를 저와 같은 건물에 근무하는 누군가가 엘리베이터에 붙여 놓았을 겁니다. 저는 엘리베이터를 타고 오르내리며 이 글을 읽는 순간마다 '그래, 이왕 해야 할 일이면 즐겁게 하자!' 라는 다짐을 스스로에게 합니다.

정말 그런 것 같습니다. 내가 신명나게 열정을 가지고 일을 하면, 어느덧 일이 순조롭게 끝나게 됩니다. 반면에, 내가 짜증스럽고, 의욕없이 디자인한 시안들은 제자신에게도 만족스럽지 못합니다. 제자신이 만족스럽지 못하니까 당연히 그 시안을 보는 사람들을 만족시키기는 더욱 어렵습니다. 디자인을 흔히 '설득의 과정' 에 많이 비유합니다. 스스로를 설득해야 하고, 상사를 설득해야 하고, 더 나아가서는 일을 의뢰한 광고주를 설득해야 합니다. 그러나 여기서 설득이 끝나는 것이 아닙니다. 최종적으로 소비자를, 사람을 설득할 수 있어야 좋은 디자인이라 할 수 있습니다. 결과적으로 자신을 설득시키지 못하면, 스스로를 만족시키지 못하면 세상 어느 누구에게도 만족을 줄 수 없다는 것입니다.

일이라는 것도 사람의 마음을 따라가는지라 거기에도 열정이 따라다닙니다. 즉, 내가 즐겁게 작업한 일들은 다른 사람에게도 그대로 전달됩니다. 즐겁게 작업한 결과물을 보는 사람 역시 즐거워집니다. 그러고 보니, 열정은 다른 사람을 감염시키기도 합니다. 열정적으로 작업에 몰두하는 사람을 지켜보는 일은, 어쩌면 스스로의 열정을 충전하는 과정일 것입니다.

21세기 일의 의미는 Work & Play라고 합니다. 즉, 일을 즐기며, 마치 놀듯이 일을 하는 것을 의미할 것입니다. 그런 사람들에게는 인생 자체가 '잘하는 것' 과 '하고 싶은 것' 의 갭을 줄여나가는 과정일 것입니다. 그렇게 일하다 보면, 정말 성공하지 못하는 게 이상할 것입니다. 대다수의 성공한 사람들의 공통점은 '일' 과 '놀이' 의 경계를 만들지 않는다는 것입니다.

슬럼프를 이겨내는 방법은 슬럼프와 정면대결을 통해서만이 가능합니다. 슬럼프를 이겨낼 충분한 에너지를 가지고 있지 않다면, 일단 에너지부터 먼저 채워야 합니다. 세상에 천하무적의 마징가 로봇이라 해도 에너지가 없으면 아무것도 물리치지 못합니다. 여행을 떠나든지, 자신을 향해서 깊은 침잠의 시간을 갖든, 독서를 하든, 영화를 보든 스스로의 컨디션을 회복해야 합니다. 그런 다음에 다시금 슬럼프를 향해서, 지금 하고 있는 일을 향해서 치열하게 도전해야 합니다. 그렇게 하다 보면 일을 즐기게 됩니다. 아니, 즐거워질 수밖에 없습니다.

그렇게 격정적으로, 전력질주를 하는 데 애정이 안 생길 수가 없겠지요. 그러다 보면, 에너지로 가득찬, 열정이 숨쉬는 멋진 결과를 얻어낼 수 있습니다. 그때부터 웬만한 슬럼프는 나를 슬슬 피해가기 시작할 것입니다. 어느덧 레오나르도 다빈치가 얘기한 대로 세상이 천국으로 변해가겠지요… 다빈치의 작품이 아름다운 것은 그가 스스로 즐기며 일했기 때문일 것입니다. 스스로 즐기며 흥미를 갖다 보니, 그는 한 사람의 미술가에 머물지 않았습니다. 그는 대기원근법을 착안한 미술가이며, 르네상스 시대의 불후의 건축가였습니다. 시대를 앞선 과학자이자 해부학에도 상당한 지식을 갖춘 조각가이기도 했습니다. 무엇보다 다빈치는 Work & Play란 일의 의미를 누구보다도 앞서 발견한 사람일 것입니다.

내일은 또 어떤 아침을 맞이하고, 어떻게 하루를 보내고 계실 건가요?

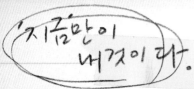

'지금만이
내것이다.

Someday.
"I'll do it someday."
Monday, Tuesday, Wednesday, Thursday,
Friday, Saturday, Sunday.
See? There is no Someday.

It's time to ride.

Agency;Carmichael Linch
Creative Director
;Jason Smith
Copywriter;Tom Camp
Photographer;Chris Wimpey

It's time to ride
'지금'하지 않으면,
우리에게 '내일'은 없다.
It's NOW or NEVER!

'지금' 하지 않으면,
우리에게 '내일'은 없다
젊은이들의 꿈, 자유, 반항 그리고 할리데이비슨

Someday.
"I'll do it someday."
Monday, Tuesday, Wednesday, Thursday,
Friday, Saturday, Sunday.
See? There is no Someday.
It's time to ride.

언젠가.
"언젠가 그걸 해야지."
월요일, 화요일, 수요일, 목요일,
금요일, 토요일, 일요일.
보셨죠? '언젠가'는 없습니다.
바로 지금이 (할리데이비슨을)탈 때입니다.

미국 미네소타주의 가장 큰 도시 미니애폴리스에 소재한 광고회사 Carmichael Linch에서 만든 할리데이비슨광고입니다. 할리데이비슨은 21살의 William S. Harley와 20살의 Davidson이 1903년에 설립한 모터사이클 회사로 지금까지 100년이 넘게 모든 바이커(Biker)들의 꿈으로 자리잡아 왔습니다. 설립 100주년이 된 2003년에는 291,147대의 모터사이클을 생산함으로써 명실상부한 '모터사이클의 벤츠'로 성장했습니다. 영화 〈이지라이더〉를 보면 주인공은 할리데이비슨을 타고 방랑을 떠납니다. 이들에게 할리데이비슨은 그냥 한 대의 모터사이클이 아닙니다. 아마 모터사이클에 조금이라도 관심이 있는 사람들이라면, 가슴 속에 '할리데이비슨의 꿈' 하나씩은 주차되어 있을 겁니다. 그만큼 할리데이비슨은 자유와 반항으로 상징되는 젊은이들의 희망이자 하나의 목표이며, 남자다움의 상징처럼 인식되어 왔습니다. 그야말로 할리데이비슨은 젊은이들에게는 꿈이라는 단어와 동의어입니다. 제가 아는 어떤 노교수님은 아직까지도 주말이면 검은 가죽재킷을 입고 할리데이비슨에 오릅니다. 그 순간만은 나이를 거꾸로 먹는 것 같은 느낌일 것입니다. 아니 정확히 '시간보다 할리데이비슨이 더 빠르게 달리는 느낌'일 것입니다. 어깨를 지나는 바람의 육중한 감촉, 뺨에 스치는 속도감, 그리고 온몸을 타고 흐르는 '집시의 자유'는 누구든지 한 번쯤은 경험해 보고 싶은 '일탈의 욕망'이 아닐까요? 광고를 보면 무료하게 살아가는 우리의 지극히 평범한 일상이 보입니다.

아침에 출근했다가 저녁이면 어김없이 퇴근하고, 일요일이면 어느새 시간만큼이나 길어진 머리카락을 자르러 이발소에 들르겠지요. 능숙하지만 기계적인 이발사의 손놀림에 머리를 맡긴 채, 시선은 바로 앞의 거울을 바라볼 것입니다. 거울에 비친 모습… 언제인지 모르게 얼굴에 주름살이 하나씩 늘어가기 시작했습니다. 그 주름살만큼이나 무료한 스스로의 얼굴이 비치겠지요. 어렸을 때의 그 호기심 많고 질문 많은 모습은 자취를 감추고 지극히 평범한 사람 중의 한 사람의 표정으로 '고착'되어 가는 스스로의 얼굴을 말없이 바라볼 것입니다. 지극히 평온한 일요일 오후의 한적함이 졸음을 몰고 오겠지요. 꾸벅꾸벅 졸다가 스스로 떨어지는 머리에 놀라 움찔 잠이 깨겠지요. 그 순간, 문득 바라본 창문 밖 풍경…

할리데이비슨이 오후의 햇살을 받아 눈부시게 빛나고 있습니다. 길에 세워져 있지만 바람의 냄새가 풍겨져 나옵니다. 약간 역겨운 듯한 기름냄새가 오히려 강하게 마음에 흩어집니다. 근육질의 단단한 몸통, 헤르메스 모자의 날개인 듯 양옆으로 튀어나온 손잡이… 이쯤에서 자리를 박차고 일어납니다. 이 돌발상황에 소스라치게 놀라는 이발사를 뒤로하고 이발소 문을 뛰쳐 나옵니다. 머리카락이 등뒤로 들어가 스걱거리는 느낌도 이럴 때는 꽤 참을 만합니다. 똑바로 모터사이클로 향하겠지요. 검은 색 헬멧을 쓰고, 오른쪽 다리를 힘껏 내려 시동을 걸겠지요. 두 번 그렇게 반복하자 드디어 할리데이비슨에 시동이 걸렸습니다. 엔진의 진동이 손을 타고 온몸에 느껴집니다. 혈관이 팽창하고, 가슴은 두근거리기 시작합니다. 오른쪽 손잡이를 돌리자마자 무서운 속도를 질주하기 시작합니다. 거리의 풍경이 마치 바람처럼 흩어져 보입니다. 반고흐의 그림처럼, 거친 터치와 속도감이 온몸을 타고 흐릅니다. 그 순간 나를 포함한 세상 모든 것은 바람이됩니다. 불꽃이 됩니다.

여기까지 상상한다면 그래도 당신은 꽤 낭만적인 사람입니다. 대부분 사람들은 창 밖의 할리데이비슨을 보고… 아, 멋있다. 나도 언제가는 한 번 타봐야지. 이렇게 생각만 할 것입니다. 그리고 머리를 다 깎고, 이발사의 안내에 따라 세면대에 가서 머리를 맡기겠지요. 머리까지 감고 나서 다시 거울에 비친 자신의 얼굴을 바라보겠지요. 머리깎은 모습이 꽤 괜찮아 보일 겁니다. 그리고 계산을 하고, 이발소 문을 나설 겁니다. 지나가는 길에 할리데이비슨을 한 번 슬쩍 훑어보고, 다시 가던 길을 재촉하겠지요. 저녁에는 오랜만에 할인점에 가서 쇼핑을 하고, 텅빈 냉장고를 채워야겠지요. 그리고 나면, 모처럼 한가한 일요일이 끝나가겠지요. 내일은 다시 월요일, 세상은 숨막히게 흘러갈 것입니다. 화요일… 수요일, 목요일, 금요일, 토요일… 그렇게 세월은 흘러가겠지요…

누구든지 '마음 속의 꿈' 하나씩은 묻은 채 살아갑니다. 그것을 '언제가'는 이룰 것이라는 막연한 기대와 함께… 하지만 여기서 한 가지 우리가 잊고 있는 것은, 꿈을 가진다는 것과 그 꿈을 이루기 위해 노력한다는 것은 별개의 문제라는 것입니다. 대다수의 사람들은 꿈을 가진 것 자체에 의미를 부여합니다. 마치 시간이 흐르면 그 꿈이 자연스럽게 성취될 것을 기대합니다. '언젠가'는 그렇게 될 거야… 하면서 말이죠. 그러나 꿈을 이루기 위해 지금 당장 무언가 하지 않으면 '언젠가'라는 시간은 오지 않습니다. 바로 지금 무엇인가를 하지 않으면, 내일의 꿈이란 그저 신기루일 뿐, 꿈은 그저 꿈으로 끝나게 될 것입니다. 할리데이비슨 광고는 정확히 이 지점에서 우리에게 얘기하고 있습니다. 바로 지금 네가 하고 싶은 것들을 해보라고… '언젠가' 할 것이라고 미루던 것들을 지금 당장 하라고 이야기하고 있습니다. 그렇지 않으면 영원히 하지 못할 것이라고 은근히 겁을 주고 있는 것입니다. 지금 네가 꿈꾸던 할리데이비슨을 타고, 바로 지금 네가 목표한 것들을 향해 질주하라고 말하고 있는 것입니다. '지금'이 아니면 영원히 할 수 없습니다. 아마도 이 말만큼 지겹게 들었던 말도 없었을 듯합니다. 하지만, 또한 이 말만큼 우리가 가볍게 무시해 왔던 말도 없었을 겁니다. 그래서 지겹지만 한 번 더 얘기하겠습니다. 바로 지금, 마음 속으로만 품어왔던 것들을 시작합시다. 그녀에게 전화를 하고, 인도여행을 떠납시다. 스쿼시를 시작하고, 대학원 공부를 시작합시다. 토익 시험을 치고, 유학갈 계획을 세워나갑시다. 서점에 들러서 그동안 읽고 싶은 책들을 한꺼번에 10권을 삽시다. 머리를 하고, 가평의 펜션을 예약합시다. 그러면 할리데이비슨은 당신의 희망 속에 존재하는 것이 아닌, 당신의 생활 속에 존재할 것입니다.

내일이 아닌 바로 오늘, '이때'가 아닌 바로 '지금'!
할리데이비슨이라는 희망의 시동을 걸어봅시다.

격정적으로!
일상의 권태와
무기력을 이겨내는 방법

我係病一我在諗過這好嗎
每日八次，定時食飯
食定十滿，何糖
打電話俾
voice mail 聽過喔
理意閒佢

The Obsession Series

justgold

Agency; Leo Burnett
Art Director
; Ray Lam, Eddie Booth
Copywriter
; Connie Lo, Mabel Lee

사랑처럼
뜨거웠는가?
나의 하루는?

일상의 권태와 무기력을 이겨내는 유일한 방법
격정적으로 —

다국적 광고회사 Leo Burnett에서 제작한 Justgold의 광고입니다.

나는 그가 입은 셔츠의 냄새맡는 것을 좋아한다.
그의 목소리를 듣기 위해 그가 남긴 음성메일을 계속해서 듣는다.
박하사탕을 먹는다. 많은 양의 박하사탕을… 매일 8번 씩, 식사 후.
아프다. 그러나,
나는 나아지기를 원치 않는다.
The Obsession Series

우린 어떤 생각이나 관념이 머리를 떠나지 않을 때를 많이 경험합니다. 그래서 강박관념에 가깝도록 몰입하기도 합니다. 아마, 사랑도 그 중 한 가지일 것입니다. 위의 Justgold의 광고는 이러한 상황을 잘 표현해주고 있습니다. 남자가 떠났습니다. 지독한 사랑을 한 후에… 살아가는 이유와 목적이 순식간에 눈 앞에서 사라졌습니다. 그와 함께 했던 공간은 이제 세상 어디에도 존재하지 않습니다. 세상이 온통 그의 웃음과 그에 관한 기억들로 가득합니다. 그래서 더 텅 비어 보이겠지요. 식사 대신 마시는 커피에서조차 그의 향기가 전해집니다. 그가 즐겨입던 셔츠의 냄새와, 그가 즐겨쓰던 스킨의 향기에 중독되어 버린 감각들은 아직도 그가 남긴 흔적들에 집착합니다. 그럴수록 명치 끝이 더 아려오겠지요. 이 아픔의 끝이 어디인지는 몰라도, 더 이상 상태가 호전되기를 바라지 않습니다. 그가 없는 세상은 더 이상 살 만한 이유를 제공해 주지 않기 때문입니다. 벌써 몇 번의 붕괴가 가슴 속에 생채기를 냈지만, 이 면역없는 외로움의 끝은 세상에 없는 것 같습니다. 술을 마시고, 가슴까지 쏟아낼 정도로 토해 보아도… 여전히 살아 있는 것이 무의미합니다.

어떤가요? 이런 사랑을 해보셨나요. 위의 광고는 이런 지독한 사랑처럼, Justgold도 사람의 마음을 사로잡는 강박에 가까운 매력적인 것이라고 은연중에 이야기하고 있습니다.

무엇인가를 사랑한다는 것은 참으로 가슴 벅찬 일일 것입니다. 비단 연인과의 사랑뿐만이 아닙니다. 그것은 지금 내가 하고 있는 일일 수도 있고, 취미삼아 하는 무형의 그 '무엇'일 수도 있습니다. 그것들과도 연인과의 사랑처럼 뜨거웠던 적이 있습니까? 곰곰이 생각해보면 한없이 부끄러워집니다. 우린 어느 순간부터 '적당히' 때워버리는 습관에 익숙한 것 같습니다. 적당히 고민하고, 적당히 일하고, 적당히 해치우고, 하루를 돌이켜봐도 온통 적당히 처리한 것이 대부분입니다. 그러다 보면 살아가는 일이 참 건조해집니다. 내가 다칠까봐 어느 정도 거리에서 적당히 멈추어 버리고, 그런 관계를 유지하는 것이 현명한 방법이라 자위하고… 먼저 나서는 것이 괜히 설쳐대는 것 같고, 시키지 않은 일까지 하면 '오버' 하는 것 같고… 그렇게 저렇게 적당히 얼버무리는 것이 스스로의 '자리' 에 안전할 것 같습니다.

《예술가로 산다는 것》이라는 책을 보면 '격정적으로' 란 말이 나옵니다.

이 '격정적으로' 란 말로 자신의 하루를 걸고, 스스로의 인생을 걸고 살아가는 사람들… 세상의 걱정스런 시선을 무던히 견디기 위해 이런 말로 자위하는 것만이 아닐 것입니다. 순간순간 나약해지려는 마음을 이겨내고, 작업에 몰입하기 위한 스스로의 다짐일 것입니다. 이런 격정적인 다짐들로 인해, 스스로의 작업에 강박에 가까운 애정으로 말미암아, 비로소 '스스로를 만족시킬 수 있는' 작품이 세상에 나오게 됩니다.

고흐가 그랬고, 베토벤이 그랬던 것처럼…

오늘 당신이 하고 있는 일과, 또는 스스로 관심을 갖고 있는 일과 격정적인 사랑을 시작해 보세요. '취미' 수준의 애정은 누구라도 가질 수 있습니다. 적당히 **좋아**하고, 시간 나면 **해보**는 것이 **아니라** 스스로를 걸고, 전부를 걸어 보세요. 그런 **열정**과 에너지가 있다면 하루하루가 뜨거워질 것입니다. 연인과의 사랑은 그토록 뜨거웠다 해도 반드시 성사되리란 보장이 없습니다. 그러나 자신이 좋아서 하는 일과의 격정적인 사랑은 당신이 사랑하는 만큼의 분량으로 당신에게 돌아갈 것입니다. 연인과의 사랑처럼 치명적인 후유증도 또한 없다는 사실입니다.

우리에게 남겨진 시간이 그리 많은 것이 아닙니다.

review | 이 글을 읽은 분들이 소감을 달아주신 내용을 발췌했습니다. 감사드립니다.

정순보 _ 이 부분을 접하면서 글 쓰시는 분은 광고에서 시작하여 어떻게 우리가 간과해 버릴 수 있는 생각의 고리를 당겨내는지 정말이지 놀랍습니다.

오요한 _ 치명적인 후유증에서 벗어나 그 전의 일들을 잊고 격정적인 삶을 사는 이가 되는 것… 나의 목표이고 싶습니다.

생각한대로 보이는것,
상상한대로 이루어지는 것.

생각한 대로 보이는 것,
상상한 대로 이루어지는 것

지난 번에 소개해 드린 적이 있는 마이크로소프트사의 'We see' 광고캠페인입니다.

We see
the king of skies.
Your potential. Our passion. Microsoft

우리는 (어린이들에게서)하늘의 왕을 봅니다.
솟아오르며 하늘을 날고 싶은 어린이들의 꿈.
이러한 꿈들이 아이들의 잠재력이 됩니다.
적절한 툴과 아주 작은 도움만 그들에게 준다면,
그들은 그들의 열정보다도 더 많은 꿈들을 만들게 될 것입니다.
그 꿈들로 그들의 인생을 만들어 갈 것입니다.
당신의 잠재력.
우리의 열정.

아이들은 꿈꾸고 싶은 높이 그대로, 하늘 같은 상상을 합니다. 아이들은 꿈꾸고 싶은 넓이 그대로, 바다 같은 생각을 합니다. 고장난 자동차 핸들 하나로 하늘을 날고, 장난감 물안경 하나로 바다를 헤엄칩니다. 그들의 생각은, 그대로 현실이 됩니다. 적어도 아이들에게만은 세상이 생각하는 대로 보일 것입니다. 바로 이러한 상상이 그들의 에너지가 되고, 이러한 에너지는 그들 인생의 중요한 동력이 됩니다.
예전 〈하울의 움직이는 성〉이라는 만화영화를 보았습니다. 적어도 미야자키 하야오 감독은 상상한 대로 세상을 만들어가는 몇 안 되는 어른 중의 한 명일 것입니다. 영화 자체의 감동보다는 자신의 생각대로 인생을 밀고나가는 미야자키 하야오 감독의 꿈이 더 아름답다고 느껴졌습니다. 우리는 미야자키 하야오 감독의 성공을 분명 부러워합니다. 하지만 그의 꿈도 그만큼 부러워할까요? 세상은 생각하는 만큼 보이기 마련입니다. 내 상상의 크기만큼, 내가 꾸는 꿈의 영역만큼 이 세상은 존재할 것입니다. 그래서, 어쩌면 어린이들에게 이 세상은 가장 넓을 것입니다.

봄만큼이나 푸르렀던 꿈들, 아직 간직하고 계신가요? 더 녹슬기 전에 아무렇게나 방치해 두었던 꿈들이 있다면, 그 꿈들에게도 봄이 왔다는 것을 보여주세요.

그 꿈들이 광합성을 할 수 있도록, 그 꿈들의 혈관에 열정이 흐를 수 있도록, 당신이 살아 있다는 것을 보여주세요.

기억하세요. 당신이 상상하는 그대로가, 당신의 잠재력이 된다는 것.

아무개 _ 상상하는 대로 될 수 있는 세상이 온다면 얼마나 좋을까요,그러나 그렇게 되지 않는다는 것에 사람들은 제약을 받고 살아갑니다. 그러나 한계점이 없었다면 상상이라는 말 또한 없었겠죠. 상상할 수 있는 제한된 현실에 감사해야겠어요~.

정효임 _ 오직 내가 도달하려는 높이까지만 나는 성장할 수 있다. 오직 내가 추구하는 거리까지만 나는 갈 수 있다. 오직 내가 살펴볼 수 있는 깊이까지만 나는 볼 수 있다. 오직 내가 꿈을 꾸는 정도까지만 나는 될 수 있다.

김지은 _ 어떻게 해야 늘 여기 와서 글을 읽고 나갈 때의 마음처럼 살 수 있을까요? 항상 감사드립니다.

날아가는 새를
걱정할 틈이 없다.

♡ 내등에 짐 5

물살이 센 냇물을 건널때는   등에
짐이 있어야 물에 휩쓸리지 않듯이
내등에 짐이 나를 불의와 안일의 물결에
휩쓸리지 않게 했으며 삶에 고개
하나 하나를 잘 넘게 했습니다 ♡

♡

말인가?

으~이건 소금이 아니라
솜이었잖아 ㅠㅠ
x 련히 물에 빠뜨렸네...
된장...

날아가는 새는 걱정할 틈이 없다
4%의 걱정만이 우리가 바꿔놓을 수 있는 일에 관한 것이다

꽤 오래 전에 술을 한 잔 하러 갔었습니다. 정리되지 않은 몇 가지 일들로 머리 속이 복잡했습니다. 자리를 잡고 앉자, 우리 일행을 먼저 반긴 것은 벽에 붙어 있는 짧은 글이었습니다.
제목이 '내 등의 짐' 이라는 글이었는 데, 그냥 읽고 지나칠 만한 내용은 아닌 것 같아서 본능적으로 카메라에 담았습니다.

물살이 센 냇물을 건널 때는
등에 짐이 있어야 물에 휩쓸리지 않듯이
내 등에 짐이 나를 불의와 안일의 물결에
휩쓸리지 않게 했으며 삶의 고개
하나 하나를 잘 넘게 했습니다.

누구든지 어깨 위에, 또는 등에 다소 무거운 짐 하나씩은 짊어지고 살아갈 것입니다. 내던져도 보고, 달아나 보아도 끈질기게 따라오는 것이 바로 이 걱정이라는 세상의 짐일 것입니다.
《이솝우화》에 보면 '꾀부리는 당나귀 이야기' 가 나옵니다. 어느날 이 당나귀가 소금자루를 지고 개울을 건너다가 그만 미끄러지고 말았습니다. 그런데 자신이 지고 가던 짐이 가벼워진 것을 알았습니다. 물에 잠긴 소금이 순식간에 녹아버렸으니까요. 그러자 다음에도 개울을 건널 때 일부러 넘어지는 꾀를 발휘했습니다. 소금 대신에 솜이 가득 실린 것도 모르고 말이죠. 솜이 물을 가득 먹었기 때문에 이번에는 짐이 몇 배는 더 무거워졌습니다. 요령을 피우다가 결국 스스로의 짐만 더 가중시키는 자충수를 두고 말았습니다.
우린 스스로 걱정이 없는 세상을 꿈꾸고 있습니다. 앓던 이를 빼듯이 속시원하게 걱정도 사라지면 얼마나 좋겠습니까만, 세상은 우릴 그냥 가만히 내버려 두지 않습니다.
하나의 걱정거리가 해결되면 머지 않아 또 다른 걱정이라는 녀석이 찾아옵니다.

이 걱정이란 놈은 우리의 취약점을 잘 아는 듯합니다. 쉽게 털어버리지 못하는 우리들의 소심증을 누구보다도 잘 알고 있습니다. 그래서 우리가 지치고 피곤해진 틈을 타고 침입해 우리의 하루를, 내일을 지배할 것입니다. 예방약이 그다지 없다는 점에서 놈은 감기 바이러스와 비슷합니다. 또한, 면역이 없다는 점에서도 또한 감기와 닮았습니다.

온전한 치료제가 없는 것에서는 암과 유사하군요. 아마도 우리가 이 세상에서 사라지는 날, 비로소 이 걱정이라는 녀석도 함께 사라질 것 같습니다. 그러니 어쩌겠습니까.

걱정을 억지로 떨쳐버리려 노력하면 할수록 걱정은 점점 더 무거워질 수 있습니다. 마치, 《이솝우화》에 나오는 당나귀의 물먹은 솜처럼 말이죠. 그런 의미에서 위에 나오는 글은 많은 것을 내포하고 있는 듯합니다. 적당한 걱정거리가 없다면, 우린 아마 세상사는 즐거움도 못느낄 것 같습니다. 괜한 걱정은 불필요하게 나의 생각을 잠식하고, 나를 불안하게 하는 악순환의 결과를 가져옵니다. 하지만 어느 정도의 걱정은 나를 적당하게 긴장시켜, 스스로를 안일하게 만들지 않는 선순환의 과정인 것입니다. 독한 술도 음식을 만들 때 훌륭한 재료로 쓰인다는 사실. 다 잘 알고 계시지요?

'어니 젤린스키'는 이런 말을 했습니다.

걱정의 40%는 절대 현실로 일어나지 않는것이다.

걱정의 30%는 이미 일어난 일에 대한 것이다.

걱정의 22%는 사소한 고민이다.

걱정의 4%는 우리 힘으로는 어쩔 도리가 없는 일에 대한 것이다.

나머지 4%만이 우리가 바꿔놓을 수 있는 일에 관한 것이다.

어차피 고민하고 걱정해서 해결할 수 없는 일이라면, 걱정해봐야 소용없는 일이 될 것입니다. 하늘이 무너지면 어디로 피하면 좋을까? 옛 중국 사람은 걱정을 가리켜 기우(杞憂)라고 표현했습니다. 이렇듯 현실로 일어나지 않는 일이라면, 미리 앞서서 걱정할 필요가 없는 것이겠지요.

나는 새는 걱정할 틈이 없다고 합니다. 혹시 지금 무엇인가 걱정이 된다면, 한편으로 자신이 열심히 날지 않고 있다는 반증이 될 수도 있습니다. 떨어질 걱정만 하고 있다면, 영원히 날 수는 없겠지요. 그러므로, 우린 걱정의 범위를 좁힐 필요가 있습니다. 진정 우리가 바꿔놓을 수 있는 것에 대해서만 걱정합시다. 그리고 이러한 걱정이야말로 나만이 지고 있는 무거운 짐이 아니라, 스스로를 긴장하게 하고 나태하게 만들지 않는 자극제가 된다는 것으로 생각합시다. 분명한 것은 꼭 필요한 걱정이라면, 우리가 해야 될 일을 더욱 분명하게 해준다는 사실입니다. 때론 이러한 걱정이 인생이란 강물을 건널 때, 나를 물에 휩쓸리지 않게 만드는 무게중심이 된다는 것을 기억합시다 (결국 그날 무게중심이 상실될 정도로 술을 마셨습니다 ^_^;;).

夢키

I HAVE A DREAM, A FANTASY
TO HELP ME THROUGH REALITY
AND MY DESTINATION MAKES IT WORTHWHILE
PUSHING THROUGH THE DARKNESS STILL ANOTHER MILE
I BELIEVE IN ANGELS
SOMETHING GOOD IN EVERYTHING I SEE
I BELIEVE IN ANGELS
WHEN I KNOW THE TIME IS RIGHT FOR ME
I'll CROSS THE STREAM
I HAVE A DREAM
I'll CROSS THE STREAM
I HAVE A DREAM

I h?ve a dream!

HELLO~ DREAM!

HIGH THINKING

PLAIN LIVING

↑
DREAMING MONKEY

꿈은 망설임과 친하지 않다. 꿈은 시작과 친하다.
꿈꾸는 법을 잊지 않았거든 다시 시작하자. 때론 나의 실패도 국가적 자원이기 때문에...

우리에게 꿈은
어떤 존재일까요.

I HAVE A ... DREAM

우리에게 꿈은 어떤 존재일까요?

우리에게 꿈은 어떤 존재일까요? 우린 어릴 때부터 줄곧 이 '꿈'의 방향에 대해 질문받아 왔습니다. 지금도 여전히 그러한 질문은 유효한 채로 우리 주변을 맴돌고 있습니다. 때론 그 무게 때문에 힘들어 하기도 하고 부모님, 또는 친구들의 시선에서 묻어나오는 무언의 질문에 그럴듯한 대답을 준비해야만 했던 시절도 있었구요. 나에게 거는 주변의 기대가 큰 만큼 그와 비례해서 내가 꾸는 '꿈'의 단위도 커야만 될 것 같은 부담스런 존재였기도 했습니다. 꿈의 존재에 대해 회피할 방법을 모색하기도 했지요.

아직 꿈꾸고 계신가요?
263,000개의 웹문서, 34,387개의 다음카페, 최근 3일간 696개의 카페글…
오늘 검색어 '꿈'에 관한 인터넷의 대답입니다. 참 많은 꿈들이 존재합니다. 셰익스피어의 '한여름밤의 꿈'에서부터 '꿈꾸는 그녀들'이란 화류계 아가씨들의 모임이라는 다음카페까지…우리가 일상에서 검색할 수 있는 숫자만큼의 꿈들이 오늘도 탄생되고 또한, 소비되고 있습니다.
마틴루터 킹 목사의 꿈처럼 인종적 메시지를 담은 꿈, 모든 위대한 사람이 반드시 어렸을 때부터 가슴에 품어왔던 꿈들, 그렇게 거대하거나 쉽게 다가가기 어려운 숭고함 때문에 내가 가진 꿈이 상대적으로 초라해 보이기도 했던 적도 있었으리라 생각합니다. 월드컵을 거치면서 '꿈은 이루어진다'라는 말이 유행처럼 번져갈 때도 그 꿈은 마치 내것이 아닌 다른 사람의 꿈같이 들리지는 않았나요? 우린 너무 많이 움츠려 있습니다. 그렇게 마음까지 움츠려 있는 동안 우리가 꾸는 꿈들도 긴 동면에 빠져있는 셈이지요. 언제부터인가 시작하기보다는 실패했을 때의 두려움을 먼저 생각하고, 시도해서 망치는 것보다는 현재 내가 가진 작은 것을 잃지 않을까라는 걱정을 먼저 하지 않았나요? 망설임에는 수천 가지 이유가 존재한다고 합니다. 핑계 없는 무덤이란 없다는 말처럼, 그 이유를 하나씩 생각하다 보면 용기있는 시작이란 있을 수 없습니다.

지금 당신은 꿈의 어느 지점에서 서 계신지요?
당신의 꿈의 방향을 묻고 싶습니다.

I have a dream이라는 컨셉하에 해마다 그해 띠동물에 맞게 제작된 디자인 손수건입니다. 이 손수건은 항상 휴대하고 다니는 기존의 손수건과는 조금 다른 관점에서 출발했습니다. 벽에 걸어둘 수 있는 손수건. 그래서 이름도 레드건으로 붙였습니다. 이 레드건은 더 이상 꿈을 꾸지 않는 우리들에게, 꿈의 존재를 끊임없이 의심해온 우리시대에, 변명으로 한없이 초라해져가는 우리의 심장에게 희망의 단서를 한 번 발견해 보자는 의도에서 만들어졌습니다. 여러분의 꿈이 존재하는 한 언젠가는 이 레드건과 만나실 수 있는 날이 있을 것입니다.

꿈은 망설임과 친하지 않다. 꿈은 시작과 친하다.
꿈꾸는 법을 잊지 않았거든 다시 시작하자.
때론 나의 실패도 국가적 자원이기 때문에…

review | 이 글을 읽은 분들이 소감을 달아주신 내용을 발췌했습니다. 감사드립니다.

Luna _ 꿈은 망설임과 친하지 않다… 와닿습니다.

김선화 _ 마음을 움직이는 글을 쓰는 사람은 몇 안 된다고 봐요.

이동훈 _ 지금 시작하지 않으면 영원히 시작할 수 없을지도 모릅니다… 귓가에 맴도네요.

멈추지 말고
계속 걸어 갑시다.

Client;Johnnie Walker

Agency
;Leo Burnett, Munbai, India
Art Director;Santosh Padhi
Copywriter;Dinakar Rambhatla
Photographer;Bhagwan D.

KEEP
WALKING-

멈추지 말고 계속 걸어갑시다

당신이 그렇게, 걷고 또 걸으면
언젠가 사람들이 '길' 이라고 부르겠지.
—이철수, 〈길〉

앞의 광고는 인도 Munbai의 Leo Burnett사가 제작한 JOHNNIE WALKER사의 KEEP WALKING캠페인 중의 하나입니다. 어떤 사람이 호숫가의 나루터 같은 곳에 앉아서 무엇인가 글을 쓰고 있는 듯합니다. 호수에 떨어진 구겨진 종이에서 글을 쓰는 소설가의 고뇌가 보이는 듯합니다. 화면을 황금분할하는 위치에 노란색 바 위의 카피에서 이 사진의 단서를 얻을 수 있습니다.

Delivers newspapers for a living.

Teaches himself to read them.

Begins to write for the papers.

Swithes to fiction; the papers write about him.

KEEP WALKING

(Copywriter: Dinakar Rambhatla)

살기 위해서 신문배달을 하다.

신문을 읽기 위해 스스로를 가르치다.

신문에 글을 쓰기 시작하다.

소설을 쓰기 시작하다 ; 신문이 그에 대해 글을 쓰기 시작하다.

(멈추지 말고 계속 걸어라.)

조니워커는 다 알다시피 위스키를 만드는 회사입니다. 다른 위스키 회사와 다르게 매우 독특한 심볼을 사용합니다. 바로 Striding Man, 즉 걷고 있는 사람의 심볼입니다. 1909년 최초의 심볼이 1996년에 리드로잉한 지금의 심볼로 단순하게 바뀌었지만 여전히 이 스트라이딩 맨은 걷기를 멈추지 않았습니다.

이 심볼의 의미는 어떤 꿈도 이루어지며, 어떤 난관도 극복된다(any dream can be achieved, any obstacle overcome)라는 희망의 메시지를 담고 있습니다. keep ~ing는 '계속해서 ~하다' 라는 의미의 idiom이라고 배웠습니다. 저는 이 '계속' 의 의미를 담고 있는 keep동사를 매우 좋아합니다. 현재 진행형 ~ing도 역시 좋아합니다. 우리는 과거가 아닌 바로 '지금(now)' 살고 있으니까요. 위의 광고를 보면 짧지만 많은 스토리를 보여주고 있습니다.

주인공은 지금은 물가에 앉아서 소설을 쓰고 있지만, 과거에 그는 가장 먼저 일어나 새벽을 가르며 신문배달을 했을 겁니다. 단지 배달만 했다면… 아마 지금은 어느 곳의 신문보급소의 소장정도가 되었겠지요. 그러나 그는 그러한 가난과 상황을 극복하고자 노력했습니다.

틈틈히 글을 배웠겠지요. 피곤한 하루 일상이지만 그의 책상을 비추던 불빛은 쉽게 꺼지지 않았을 것입니다. 그리고 신문에 한두 번씩 글을 쓰기 시작했을 겁니다. 한 편의 글을 쓰기까지 몇십 번, 아니 몇백 번의 거절이 그를 힘들게 했겠지요. 그러나 그런 것들은 단지 그를 더 단단하게 만드는 기회가 되었을 겁니다. 마침내, 그는 소설을 쓰기 시작했고, 그의 소설은 신문에서 호평을 받고, 독자들의 마음을 사로잡기 시작했습니다. 그가 배달하던 신문에선 그를 인터뷰하기 위해 안간힘을 쓰겠지요. 지금은 호수가 보이는 어느 한적한 곳에서 그는 그의 인생만큼이나 치열했던 이야기를 담은 소설을 써내려가고 있을 겁니다.

조니워커의 광고 하나가 보여주는 것은 한 컷의 그림 이상의 의미를 담고 있습니다. 그것은 바로 심볼로 표현되는 회사철학의 반영이자, 그들이 제품을 만들어내는 태도인 것입니다. 소비자는 조니워커 위스키를 마시면서 알코올 도수 40도에 취하는 것이 아닐 겁니다. 조니워커 브랜드가 담고 있는 스토리를 마시며, 역경을 극복한 용기에 취합니다. 줄기차게 한 길을 걸어가는 브랜드의 힘을 보여주는 광고— 이것이 조니워커 광고캠페인이 우리에게 보여주는 메시지가 아닐까요. 계절이 바뀔 때마다 광고를 바꿔버리고, 광고회사가 바뀔 때마다 또 한 차례 광고가 바뀌고, 마케팅실의 광고홍보 담당자가 바뀌어도 광고가 바뀌어버리는 우리나라 광고계의 '조루증' 에 대한 강력한 비아그라 처방을 얘기해주고 있습니다. 바꿀 것은 광고가 아니라 우리 광고계의 현실이라고… (지속적인 광고캠페인의 부재를 지적하고 있습니다. 외국의 경우 한 번 컨셉이 정해지면 몇 년간 바뀌지 않고 꾸준하게 집행되는 경우가 많습니다. 그러나 우리나라는 그러지 못합니다. 물론 클라이언트가 바뀌기를 희망하기도 하지만 광고대행사 스스로 먼저 바꿀 것을 제안하는 경우도 허다합니다. 그렇다 보니 외국처럼 오랜기간 동안 지속적인 브랜드 파워를 집적할 수 있는 광고를 만들지 못하는 게 지금의 현실입니다. 단기적인 시장상황에만 급급한 나머지 장기적인 '브랜드' 관리가 제대로 이루어지지 못하고 있는 것이지요).

이것은 비단 광고계뿐만 아니라 우리의 삶 자체에도 많은 이야기를 던져주고 있습니다. 그것은 인생을 '어떤 태도로 대할 것인가' 란 물음의 대답이 되기도 합니다. 상황을 있는 그대로 받아들인다면, 내일 아무것도 일어나지 않습니다.

멈추지 마세요.

'중간에 포기하면 시작하지 않은 것만 못하다' 라는 말과 같이, 칼을 한 번 뽑았다면 무라도 베어야 하지 않겠습니까? 계속해서 걸어가세요. 때로는 넘어지고, 지치고, 힘들겠지만… 그것이 그대로 인생의 전부가 아닐 것입니다. 그럴 때마다 한니발의 말을 기억합시다. '우리는 길을 찾거나 아니면 만들게 될 것이다.' 길이 없다면 만들어 가야겠지요!

KEEP WALKING!

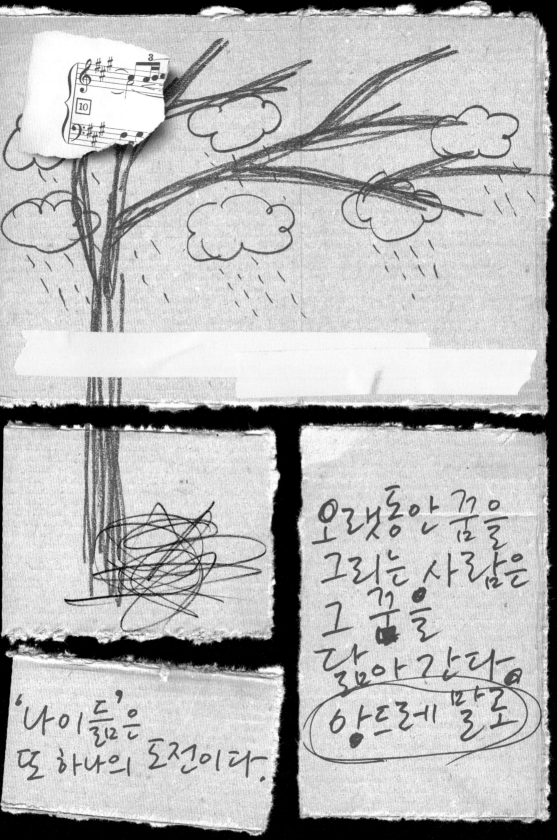

오랫동안 꿈을
그리는 사람은
그 꿈을
닮아간다.

앙드레 말로

'나이듦'은
또 하나의 도전이다.

'나이 듦'은 또 하나의 도전입니다

오랫동안 꿈을 그리는 사람은 그 꿈을 닮아간다_ 앙드레 말로

어느 해부터인가 나이를 먹는 일에
무감각해진 자신을 발견하고 적지 않게 놀라곤 합니다.
'나이 듦'에 대하여 더 이상 조급증이 생기지 않았다는 것은
두 가지 상반된 의미를 지니는 것 같습니다.

첫 번째는 스스로 무감해지려는 일종의 '회피'에 가까운 감정입니다.
'나이 듦'을 있는 그대로 인정하는 것은 누구에게나 쉬운 일이 아닐 것입니다.
인정하다 보면 스스로가 초라해질 수 있기 때문입니다.
'이 나이 먹도록 내가 해놓은 것들이 무엇인가'라는 질문까지 이르러서는
상황은 좀더 심각해집니다.
이러한 복잡한 감정을 일부러 꺼내기가 싫어서
무감각이라는 일종의 방어벽을 치고, 애써 상황을 외면합니다.

두 번째는 '나이 듦'을 정면으로 받아내는 것입니다.
'나이 듦'을 적어도 상실로는 받아들이지 않습니다.
아니, 오히려 나이가 들어서 가능한 일들에 시선을 둡니다.
그러다 보면 아직 해야 할 일들이 많이 남았다는 것을 알게 됩니다.
젊게 보인다는 것을 외형적인 것에서 찾으려 하지 않습니다.
그러다 보면 스스로 솔직해지게 됩니다.
솔직해진다는 것은 자신을 치장했던 많은 것들로부터 벗어날 수 있는
용기를 제공해 줍니다. 솔직해지면, 정말 자신에게 중요한 것들만 남게 됩니다.
자신을 포장했던 많은 감정들이 사라진다면,
우리는 좀더 본질적인 것에 충실하게 될 것입니다.

첫 번째는, '살아온 날' 들에 중점을 둔 생각일 것이고,
두 번째는, '살아갈 날' 들에 생각의 방향이 닿아 있는 경우라 느껴집니다.

인생에는 아쉽게도 시간이 지나면 당연하게 받는 '개근상' 은 없습니다.
우린 때로는 하루하루를 견디며 살아가기도 하고,
또 어느 때에는 하루하루를 아쉬워하며 보내기도 합니다.
어떤 하루를 보낼지는 온전히 당신의 마음먹기에 달려 있습니다.
나이 들어가는 것의 아쉬움보다는, '나이 듦' 의 진정한 가치를 찾을 수 있도록…
화장처럼 얼굴에 덧칠해진 스스로의 변명들을 지워봅시다. 나이가 들어가는 것에 이유
를 달지 맙시다.

'나이 듦' 은 어쩌면, 또 하나의 도전입니다.
'나이 듦' 은 또 하나의 발견이라 생각합니다.
우리에게 아직 남아 있는 인생에 주목한다면,
'나이 듦' 이 그다지 거북한 존재가 아닐 것입니다.

세상이 기억하는 것은 장미의 가시가 아니라, 장미의 향기입니다.
'나이 듦' 의 향기가 느껴질 수 있도록, 스스로의 가시를 인정해야 하는 것입니다.

나무의 아름다운 무늬목도
다름아닌 나이테로 만들어졌다는 사실을 기억합시다.

인생은
저지르는 자의
것이다.

Agency; The Open Agency
Creative Director; Gary Cooke
Creative Team
; Al Fuller, Martyn Routledge,
  Andy Holton, Ian Hutchinson

영국 상공회의소
크리스마스 배너

메리 크리스마스! 크리에이티브 크리스마스!

Merry
Creative!

좋은 디자인이 좋은 비즈니스다

영국의 런던에 소재한 오픈에이전시(The Open Agency)에서 제작한 크리스마스 카드입니다. 이 오픈 에이전시는 주로 B.I, 그래픽디자인, DM, 웹디자인까지 다양한 디자인을 해오고 있습니다.(www.openagency.com)

앞의 크리스마스 트리는 좀 특별합니다. 그냥 낙서한 크리스마스 트리 이미지 같지만, 자세히 살펴보면 사람들의 사인(서명)들로 트리가 장식되어 있습니다. 사람들의 서명으로 완성된 트리… 왠지 모르게 크리스마스가 더 따뜻하게 느껴질 것만 같습니다.

"크리스마스는 우리의 광고주에게 우리가 뛰어난 아이디어를 갖고 있다는 것을 상기시키는 좋은 기회를 제공해 준다." 라고 이 회사는 말합니다. 그들에게 크리스마스는 단순한 크리스마스가 아니라 또다른 아이디어와 상상력을 발휘할 수 있는 크리에이티브 데이(Creative Day)인 것입니다. 모두들 축제 분위기에 들떠 있을 때에도, 그들은 번뜩이는 아이디어를 놓치지 않는 것 같습니다. 오히려 공개적으로, 그리고 적극적으로 스스로의 크리에이티브를 펼쳐보이고 있습니다. 그들에게 크리스마스는 또다른 비즈니스의 장인 셈입니다.

크리에이티브가 돋보이는 한 장의 카드는 아마 영업사원 몇 명의 역할을 하리라 생각됩니다.

갑자기 이런 말이 생각납니다.

'디자인 회사에서 가장 좋은 영업사원은 바로 좋은 디자인이다.'

맞는 말 같습니다. 좋은 디자인은 군이 설명하지 않아도 그자체로 사람들을 감동시키는 힘을 가지고 있습니다. 말없이 스스로를 광고하는 것이지요.

올해의 인사는 문자메시지 대신에 간편한 이메일 대신에 손수 만든 크리스마스 카드나 연하장, 또는 편지를 직접 써서 보내보면 어떨까요. 손맛이 고스란히 간직되고, 36.5도의 따뜻한 체온이 느껴질 수 있는… (요즈음은 우편으로 배달되어온 편지나 카드를 받기가 참 힘들더군요. 카드요금 청구서를 제외하면 말이죠).

우리의 상상력도, 우리의 크리에이티브도 메리 크리스마스였으면 좋겠습니다.

앞의 그림에서 위에 있는 일러스트레이션은 영국 상공회의소의 크리스마스 배너입니다. 제가 와이낫커뮤니케이츠(ynot?communicates)라는 회사에 다닐 때 만든 제작물입니다. 며칠을 고민하다, 영국 국기를 소재로 크리스마스 트리를 만들었습니다.

오일 파스텔로 간단하게 그린 일러스트레이션 같지만… 생각의 과정은 그리 간단하지만은 않았습니다. 소재는 분명 같은 크리스마스 트리지만, 어떻게 풀어나갈까의 방법에는 차이가 있습니다. 우리는 항상 새로운 소재와 새로운 컨셉을 찾으려고 무단히도 노력합니다.

누군가가 아이디어를 내면, '그건 전에 나왔던 소재인데…' 라고 일축해 버립니다. 이런 식으로 누군가가 낸 아이디어를 제외시켜 간다면 실제적으로 쓸 만한 소재는 하나도 없습니다.

같은 소재라 할지라도 다르게 표현할 수 있다면, 다른 아이디어가 되는 것입니다.

우리는 아이디어에 관해 이런 잘못된 인식을 갖고 있습니다. 세상에 새로운 아이디어는 어쩌면 존재하지 않을지도 모릅니다. 이미 있었던 낡은 요소들을 새롭게 조합하는 데서 좋은 아이디어가 나옵니다.

'이 세상에서 없는 것을 창조하는 이는 하나님뿐이다' 라고 말했던 루이스 언스트의 말이 떠오릅니다. 그는 아이디어를 '우리가 알고 있는 두 가지 잘 짝지어지지 않는 일반적 사항을 독창성을 매개로 결합시켜 제 3의 무엇으로 만드는 것' 으로 정의합니다. 좋은 아이디어를 낸다고 머리를 쥐어짜지 마세요. 그 대신 새로운 결합으로 새롭게 만들어지는 것들이 무엇이 있을지를 생각해 보시길 바랍니다.

같은 계란을 표현소재로 삼더라도, 아마 매일 쏟아져 나오는 계란의 수만큼이나 다양한 표현 방법의 차이가 있을 수 있습니다. 다르게 보여주는 것을 다른 소재에서만 찾지를 마시기 바랍니다.

디자인 회사에서
가장 좋은 영업사원은
바로 좋은 디자인이다.
GOOD DESIGN IS
GOOD BUSINESS

CREATIVE

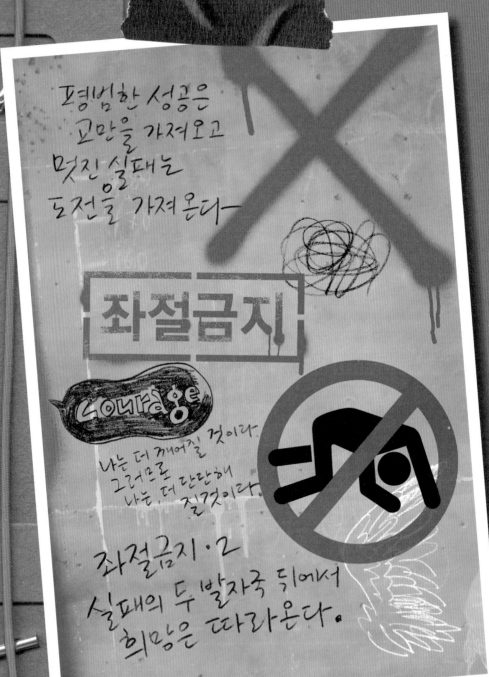

좌절금지·2
실패의 두 발자국 뒤에서 희망은 따라온다

기업에서 제일 훌륭한 사람은 무엇인가를 실행해서 성공한 사람이고,
두 번째로 훌륭한 사람은 무엇인가를 실행하다가 실패한 사람이다.
그리고 세 번째는 아무것도 안 하고 성공한 사람이고
네 번째는 아무것도 안 하고 실패한 사람이다.

어디선가 읽은 글입니다.

비단 기업뿐만 아니라 우리의 생활에도 그대로 적용되는 말이 아닌가 생각합니다. 〈부활〉〈전쟁과 평화〉〈안나 카레니나〉 등 주옥같은 작품으로 유명한 레프 톨스토이(1828~1910)도 우리에게 잘 알려진 삼십여 편의 발표작 이전에 100번이 넘는 출판사의 거절이 있었다고 합니다. 조지 오웰의 〈동물농장〉이 처음 세상에 나왔을 때도 그의 '동물 이야기'의 성공을 믿는 사람은 거의 없었습니다.

마음 등가의 법칙(The Law of Mental Equivalency)이라고 불리는 마음의 법칙이 있습니다. 동기유발 전문가인 브라이언 트레이시의 《성취심리》란 책에 나오는 얘기입니다. 말이 다소 어렵게 느껴집니다만, 내용은 아주 쉽습니다. 삶에서 일어나는 모든 것들은 먼저 생각했기 때문에 이루어졌다는 것입니다. 생각을 먼저 하는 것은 사람이지만, 그 다음에는 생각이 우리를 지배합니다. 그래서 대부분의 사람들이 생각하는 것과 일치하도록 행동하고, 결국 생각하는 대로 우리는 존재한다는 것입니다. 우리가 현실에서 이루고자 하는 것과 우리의 마음을 같은 위치(등가)에 놓는다면 모든 것이 자연스럽게 이루어진다는 내용입니다. 이러한 생각을 하다보면 우리의 피부 속으로 어느덧 성공이 삼투되어 들어와 마음먹은 것과 일어나는 일이 '이퀄(=)'이 되는 것이죠. 실패를 먼저 생각하면 실패하고, 성공을 먼저 생각하면 설사 실패한다 해도 성공인 셈입니다.

무엇인가를 시도해서 실패했다면, 다음 번 시도에서는 최소한 같은 실수는 하지 않을 것입니다. 우리가 처음 자전거를 배울 때를 기억해 봅시다. 몇 번이고 넘어지고, 상처를 입

은 후에 비로소 우린 흔들리지 않고 똑바로 갈 수 있었습니다. 넘어지는 것이 두려워 자전거를 배우지 않았다면, 아마 지금까지도 자전거를 타는 일이 두려운 일이 될 것입니다.

우리에겐 아직 술이 반병이나 남았습니다. 실패가 가장 두려워하는 것은 바로 좌절을 이기는 이러한 낙관적 태도입니다. 혹시 지금 시도한 일이 잘 되지 않고 계시다면, 냉정하게 무엇이 잘못되가고 있나를 판단해 봅시다. 분명 실패의 원인은 존재합니다. 그런 다음, 신발끈을 고쳐매고, 다시 한 번 더 도전해 봅시다. 그러면 정확히 우리의 두 발자국 뒤에서 따라오는 희망을 발견할 수 있을 것입니다.

운명이 아름다운 것은 거기에 대드는 '인간'이 있기 때문이 아닐까요? 더이상 〈이태백〉과 〈사오정〉이 우리와 동시대의 등장인물이 되지 않도록, 그들을 중국의 이야기 속으로 다시 돌려보냅시다. 안개 짙을수록 햇살이 눈부시게 빛날 것이라는 사실을 믿습니다. 아무것도 안 하고 실패하기엔 우린 너무 젊습니다.

이 세상을 살면서 중요한 것은 우리가 서 있는 장소라기보다는 우리가 나가고 있는 방향이다.
_올리버 웬델홈즈 시니어

최이슬 _ 아무것도 안 하고 실패하기엔 우린 너무 젊습니다…
절실하게 다가오네요— 늘 힘이 되어주는 좋은 글 감사합니다—

신동은 _ '운명이 아름다운 것은 거기에 대드는 인간이 있기 때문이라는 말' … 한 번쯤 생각하고 가게 하는 대목입니다.

인수정 _ 늘 '좌절' 직전에…, 이곳의 글들이 생각나네요. 터덜터덜 왔다가 쌔~앵 날아갑니다. 고맙습니다~

We Have Something For Everyone!

RO_ERT

MANY
PEOPLE
NEED
BLOOD B
TO KEEP
LIVING.

SAVE LIVES
DONATE BLOOD.

BLOOD CENTER RPS

Agency；Escala Comunicacao,
Porto Alegre
Art Director；Lisiane Kindlein
Copywriter；Claudia Mainardi
Photographer；Reinaldo Coser

B형(型)
ABO Blood group System

Barnum Effect
Forer Effect

B형 남자에 관한
진실 혹은 오해,

B형 남자에 관한 진실 혹은 오해

혈액형에 관한 재미있는 광고 하나를 보여드리겠습니다.

옆의 광고는 브라질의 광고 회사 Escala Comunicacao에서 제작한 혈액센터 HPS의 헌혈 광고캠페인입니다. 광고를 보면 한 사람의 얼굴이 보입니다.

그냥 평범해 보일 수 있는 사진 옆에는 RO_ERT라는 단어가 있습니다. 한 번 만 이 단어를 더 읽어 보면 우린 이 단어에서 B자가 빠져 있다는 사실을 알게 될 것입니다.

이 사람의 이름은 ROBERT인 것입니다. 그리고 이 사람이 지금 필요로 하는 것이 바로 B형 혈액이라는 것을 발견할 수 있습니다.

Many People Need Blood B to Keep Living.

'많은 사람들이 살기 위해서 혈액형 B를 필요로 한다'는 카피가 친절하게 이 광고의 목적을 설명해주고 있습니다. 굳이 헌혈하라는 얘기가 없어도, 왜 헌혈을 해야 하는지에 대해 목소리를 높여 소리치지 않아도 더 감동적으로 헌혈의 필요성을 느끼게 해줍니다.

B가 빠진 RO_ERT란 이름이 이 광고의 헤드라인인 셈입니다. 그리고 그것을 채워 넣어야 하는 것은 광고를 보는 우리들이라고 말하는 듯합니다.

많은 말들과 수식어가 등장하지 않아도 더 많은 것을 보여주는 광고인 것 같습니다.

음식으로 치자면 기름기를 쫙 뺀 담백함이 이런 게 아닌가 생각합니다. 이런 시리즈로 계속해서 Blood Center HPS 광고 캠페인이 전개되었습니다. ELIZ _ _ ETH란 어린 소녀는 AB스펠을 빠뜨렸고, D _ VID에서는 A가, VICT _ RIA의 이름에서는 O가 빠져있습니다.

사람들은 일반적으로 불완전한 정보를 받게 되면, 어떻게 하든 그 정보를 완성하려는 경향이 있다고 합니다(Gestalt 이론 중 '프래그난쯔의 법칙').

혈액형을 의미하는 철자를 의도적으로 생략함으로써 이 광고를 보는 사람들의 마음을 개입시키고 있는 것입니다.

우린 어쩌면 너무 친절한 광고의 홍수 속에서 살고 있습니다. 헤드라인만 읽어봐도 무슨 얘기를 하는지 뻔한 광고들이 많습니다. 이런 광고들을 접하게 될 때 사람들은 금방 외면하게 됩니다.

너무나 당연하고 결론이 금방 보이는 얘기들이기 때문에 더 이상 유심히 볼 이유가 없는 것입니다. 어쩌면 좋은 광고란 사람들을 참여하게 만드는 광고가 아닌가 생각합니다. 사람들이 참여하고 관여할 수 있는 그 여백 같은 공간을 남겨두는 일…

참 쉽고도 어려운 문제가 아닌가 생각합니다.

이왕 혈액형 얘기가 나왔으니 조금 옆길로 새겠습니다.

오늘날 우리가 일반적으로 사용하는 혈액형 표시는 1901년 K. 란트슈타이너 등이 발견한 ABO 타입입니다. 사람 혈청 속의 항A 및 항B 항체에 대해 응집하느냐 안 하느냐에 따라 A형·B형·AB형·O형으로 나뉘게 된다고 합니다[항A 및 항B 항체에 대해 각각 두가지 경우(응집여부)의 수가 있기 때문에 4가지 혈액형이 나온 것이지요].

제가 ABO 혈액형타입에 관해 말씀드리는 이유는 요즘 말도 많고, 탈도 많은 혈액형에 따른 성격 분류 때문입니다.

특히 얼마 전까지 'B형남자' 신드롬은 이론적 근거나 타당성을 떠나 많은 사람들의 입에 오르내렸습니다. 도대체 사람 몸무게의 약 1/13, 즉 8% 정도 밖에 안되는 혈액에 어떤 정보가 숨겨져 있기에 혈액형에 따라 사람의 성격 구분이 가능한 걸까요?

'욱 하는 성격에 금방 또 반성도 잘해. 예민해(서) 밤잠은 설치고 (자)존심도 강해.'

이것이 가수 김현정이 노래했던 'B형 남자' 의 전형입니다.

인터넷을 조금만 유심히 검색해봐도 이 '문제의 B형' 성격에 대해 여러 가지 분석이 나와 있습니다. 대체로 자기중심적이며, 규칙이나 구속을 싫어하고, 흥분 잘하고 변덕 심하다는 말을 많이 듣는 게 B형이라 합니다. 또한 일종의 소외감이나 슬픔 같은 것을 주기적으로 느끼며, 지기 싫어하고 바람기 많은 것 역시 B형 특징으로 꼽고 있습니다.

그러다 보니 'B형들의 모임' 이란 카페에서부터 'B형 남자 알기', 심지어 'B형 타도' 라는 카페에 이르기까지 인터넷 포털사이트에는 이미 수십여 개의 B형 관련 동호회가 있습니다. 비단 B형뿐만 아니라, 혈액형으로 사람의 성격을 파악하고, 다른 혈액형과의 관계를 알아보려는 심리가 요즘 젊은이들에게 많이 나타납니다. 혈액형별 궁합, 혈액형별 사랑, 혈액형별 이상형 찾기, 혈액형별 심리테스트, 심지어는 혈액형별 다이어트, 혈액형별 공부방법 등, 우리들의 하루가 온통 혈액형별로 구분되는 것 같습니다. 이 정도면 단순한 관심이나 호기심 차원을 넘어서는 것 같습니다.

얼마 전 서점가에서도 《B형 남자와 연애하기》란 책을 비롯한 다수의 혈액형 관련 책들이 유행처럼 출판된 것도 이러한 사회적 단면을 잘 반영해주고 있습니다.

제가 옆길로 빠져서 난데없이 B형 남자에 관한 얘기를 하는 이유는, 저도 바로 이러한 현상의 중심(?)에 서 있기 때문입니다. 저도 문제의 B형 남자입니다. 거기다가 설상가상 막내로 태어났습니다. 가장 심한 조합인 셈입니다. 그러니 괜한 자기변명이라도 해야 할 것 같습니다. '실제로 바람둥이일 가능성이 가장 높은 혈액형은 O형이다' 라는 식의 근거 없는 말로 B형을 감싸주거나 면죄부를 주고 싶은 마음은 없습니다.

단지, 사회적 이슈가 되다시피한 B형의 평가가 과연 B형만의 얘기인지… 잠시 생각해 보았습니다.

바넘이펙트(Barnum effect)라고 들어보셨나요? 요즘 혈액형문제를 거론할 때 코너에 몰린 B형이 마지막으로 기대는 이론이 바로 바넘이펙트입니다. 이 바넘이펙트는 19세기 말 바넘(P.T. Barnum)에 의해서 제기되었고, 1940년대 말 심리학자인 포러(Bertram Forer)가 성격진단 실험을 통해 바넘의 이론을 입증한 까닭에 '포러이펙트'(Forer effect)라고도 불립니다. 포러는 자신이 가르치는 학생을 타깃으로 하여 몇 가지 실험을 하게 됩니다. 우선 각각의 학생들을 대상으로 개인별 성격진단 테스트를 한 다음, 그 결과와는 전혀 상관없는 일반적인 내용을 학생들에게 나누어 주었습니다(그 내용은 신문에 나와 있는 점성술의 일부를 수정한 것으로 누구에게나 적용되는 지극히 보편적인 얘기들이었다고 합니다). 이러한 사실을 모르는 학생들은 자신이 받은 테스트 결과가 모두 자신의 성격과 잘 맞는다는 반응을 보였다고 합니다. 즉, 사람들이 보편적으로 가지고 있는 성격이나 심리적인 특징을 자신만의 특성이나 성격으로 여기는 심리적인 경향이 바로 포러이펙트인 것입니다.

이러한 경향은 자신에게 유리하다거나 좋은 것일수록 강하게 나타납니다. 사람들은 자기가 편한 대로 정보를 취사선택하는 선택적 지각(Selective Thinking)의 편의(Bias)를 가지고 살아간다고 심리학자들은 말합니다.

실제로 우리는 정작 가장 중요한 결정을 앞두고는 가장 비이성적이라 할 수 있는 '점괘'

(占卦)를 마치 운명처럼 받아들이는 것을 어렵지 않게 볼 수 있습니다.

점을 볼 때 우리들은 점치는 사람이 던지는 단편적이고 막연한 질문들을 연속적으로 받게 되는데, 이것을 두고 그 사람이 마치 우리의 모든 것을 훤히 꿰뚫고 있다고 착각하는 경우가 허다합니다. 점보러 가는 행위는 이미 점치는 사람의 말에 충분히 귀기울일 의사가 있다는 것입니다. 그러다 보니 점치는 사람이 하는 아주 보편적인 얘기들도 마치 자신만의 일인 양 너무 쉽게 믿는 것입니다.

어떤 여자가 한 남자를 사랑하게 되었습니다. 누구나 그렇듯 처음에는 별문제가 없습니다. 서로를 점차 알아가기 시작하면서, 전에는 발견하지 못했던 상대방의 단점들이 보이기 시작할 것입니다. 이 단점들은 그 남자의 개인의 단점이라기보다는 아마 남자 전체에 관련된 속성일 수 있습니다. 너무 감정의 기복이 심해 종잡을 수 없다는 것, 나를 만나면서도 다른 여자에게 눈을 돌린다는 것 등…
이런 것들을 혈액형과 결부지어서 생각할 수 있을 것입니다.
알고 보니 바로 그 남자가 바로 B형이었다는 것이지요. 이런 식의 뻔한 스토리가 마치 B형 남자에게만 일어나는 특수한 상황으로 받아들이는 분들을 주변에서 많이 봅니다.

물론, 혈액형에 따른 일반적인 성격차이를 전면 부정하는 것은 아닙니다. 단지, 그 사람이 B형이라는 이유 때문에, 또한 그러한 선입견 때문에 B형 남자가 모두 혐의를 받는 것은 조금 억울하다는 생각이 듭니다. 여기서 바넘이펙트를 만들어낸 바넘(P.T. Barnum)의 이야기가 상당히 설득력이 있어보입니다.

"We have something for everyone."
"우리들은 모두 동일한 뭔가를 갖고 있다."

어찌하다 보니 옆길로 샌 이야기가 정작 더 많은 부분을 차지하게 되었습니다.
결론은 사람의 일반적이고 공통적인 무엇을 단지 어느 한 사람의 개인적인 특징으로 치부해서는 바람직하지 못하다는 얘기입니다. 특히 B형 남자의 경우처럼 말이죠….
여기서 다시 B형 남자 논쟁을 하고 싶은 생각은 없습니다. 사람에 대한 정보를 파악하는 데 혈액형에 지나치게 의존하려는 경향들이 있어서 말씀드리는 것입니다. 정작 중요한 나의 장점이, 사람들이 재미삼아 보는 다른 부수적인 것들로 인해 가려진다면 조금 억울하다는 생각이 들 것입니다. 우리는 살아가면서 참 많은 사람들을 만납니다. 우리가 만나는 사람들의 특징을 파악하고 성격을 진단하고, 유형별로 묶어서 생각하다 보면, 자칫 그 사람들의 보이지 않는 많은 것들을 놓칠 수 있습니다.

'있는 그대로'의 그 사람을 '있는 그대로' 받아들여 주는 것이 중요하다는 생각입니다.

그냥 재미로 한 번 읽어 주시길 바랍니다.

참고로, 국가기록원 홈페이지 대통령 기록관에 수록되어 있는 역대 대통령의 혈액형을 모아봤습니다.
이승만 대통령 _ O형
윤보선 대통령 _ O형
박정희 대통령 _ A형
최규하 대통령 _ A형
전두환 대통령 _ B형
노태우 대통령 _ AB형
김영삼 대통령 _ AB형
김대중 대통령 _ A형
노무현 대통령 _ O형

I NEVER GIVE UP ON A DREAM?

HAVE
A
DREAM

DON'T BE AFRAID TO FALL
YOU'VE FAILED MANY TIMES,
ALTHOUGH YOU MAY NOT
REMEMBER
YOU FELL DOWN THE FIRST TIME
YOU TRIED TO WALK
YOU ALMOST DROWED
THE FIRST TIME YOU TRIED TO SWIM,
DIDN'T YOU?
DID YOU HIT THE BALL THE FIRST TIME
YOU SWUNG A BAT?
HEAVY HITTERS,
THE ONES WHO HIT THE
MOST HOME RUNS,
ALSO "STRIKE OUT" A LOT

ENGLISH NOVELIST JOHN X Creasey GOT
753 REJECTION SLIPS BEFORE
HE PUBLISHED 564 BOOKS
BABE RUTH STRIKE STRUCK OUT
1,330 TIMES, BUT HE ALSO HIT
714 HOME RUNS
DON'T WORRY ABOUT FAILURE
WORRY ABOUT THE CHANCES YOU MISS
WHEN YOU DON'T EVEN TRY!

당신의 에너지,
당신의 가능성,
당신의 꿈을 믿습니다.

DREAM

BRAVE

POTENTIAL ENERGY

당신의 꿈을 믿습니다.

당신의 에너지,
당신의 가능성,
당신의 꿈을 믿습니다.

당신의 꿈을 믿습니다.

당신의 에너지,
당신의 가능성,
당신의 꿈을 믿습니다.

당신의 열정,
당신의 잠재력,
당신의 빛나는 눈빛을 믿습니다.

언제나 가장 먼저 깨어나
새벽이 되고, 아침이 되는
당신의 푸른 희망을 믿습니다.

어떤 시련 앞에 서 있더라도
봄처럼 번식해 나갈
당신의 푸르른 용기를 믿습니다.

힘내세요.
당신은
어느 누군가의 희망이고 전부입니다.

에필로그

이 책을 끝까지 읽어주신 당신께 감사드립니다.

이 책이 당신의 상상력에, 당신의 꿈에, 당신의 인생에 조금이라도 도움이 되었으면 좋겠습니다.

막상 책으로 엮으려니, 망설여지는 부분이 많았습니다. 저 혼자도 감당하지 못하는 사람인데, 다른 사람에게 이야기를 한다는 것 자체가 부끄럽다는 생각도 들었습니다.

각각의 내용들을 다시 한 번 읽어보니까 수정할 부분도 눈에 많이 들어오고, 간혹 반복되는 이야기가 눈에 거슬리기도 했습니다. 하지만 글이란 것은 쓰고 있는 당시의 상황과 태도에 따라서 많이 달라지기 때문에, 가능한 한 별다른 수정 없이 실었다는 말로 변명을 대신하겠습니다.

저는 그냥 '아무것도 하지 않고 가만히 있는 상태'가 두려웠습니다. 뭔가를 해야한다는 조급증에 많이 시달려야 했습니다. 아마 이러한 글들을 쓰지 않았다면, 제가 지내온 많은 시간들을 어떻게 견뎌냈을까하는 쓸쓸한 생각이 들곤 합니다. 그런 면에서 저는 참 불행합니다. 아마 인생을 살아가는 방법을 저는 '제가 하는 일'에서만 찾으려 했던 것 같습니다.

참 많은 분들의 응원과 격려, 그리고 도움이 있었습니다. 적지 않은 분들이 우리가 흔히 말하는 '퍼가기'로 인터넷에서 관심을 보여주셨습니다. 정말 중요한 것은 눈에 보이지 않는다고 했던가요? 눈에 보이지 않았지만, 더 큰 사랑과 용기를 나눠주셨던 분들에게도 감사의 마음을 전합니다. 그래서 저는 행복합니다. 잊지 않고 기억하겠습니다. 세상은 의미와 영향력을 주고받는 '관계' 망으로 구성되어 있습니다. 제가 받은 많은 의미와 영향력만큼 저도 다른 누군가에게 그러길 희망해봅니다.

앞으로 이 책을 읽어줄 독자들에게도 미리 감사의 마음을 전합니다. 당신은 저의 행운입니다. 상상력에 엔진을 달고 질주해 나가시길 기원드립니다. 마지막으로 저의 이메일을 남겨놓습니다. 건강하십시오. dreamon4u@hanmail.net

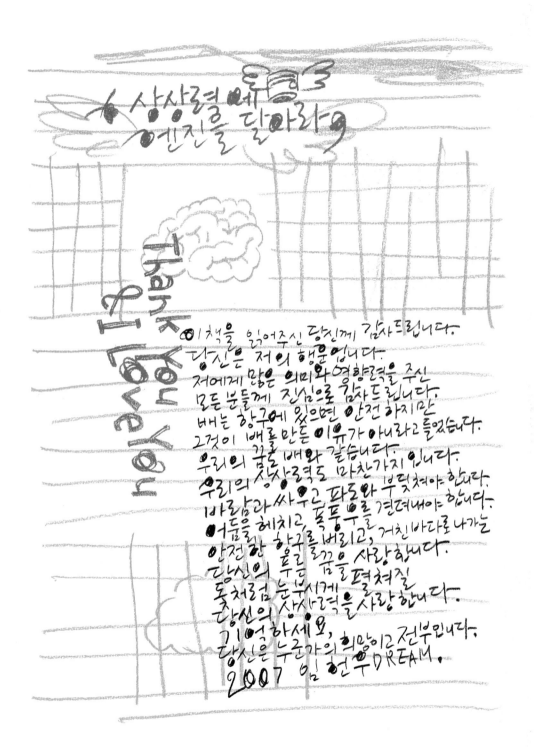

상상력에 엔진을 달아라

Thank you & I love you

이 책을 읽어주신 당신께 감사드립니다.
당신은 저의 행운입니다.
저에게 많은 의미와 영향력을 주신
모든 분들께 진심으로 감사드립니다.
배는 항구에 있으면 안전하지만
그것이 배를 만든 이유가 아니라고 들었습니다.
우리의 꿈도 배와 같습니다.
우리의 상상력도 마찬가지입니다.
바람과 싸우고 파도와 부딪쳐야 한다.
어둠을 헤치고, 폭풍우를 견뎌내야 합니다.
안전한 항구를 버리고, 거친 바다로 나가는
당신의 푸른 꿈을 사랑합니다.
돛처럼 눈부시게 펼쳐질
당신의 상상력을 사랑합니다.
기억하세요,
당신은 누군가의 희망이고 전부입니다.
2007 임 현우 DREAM.

헨리 페트로스키 / 홍성림 역, 《연필》, 지호, 1997.

박신의, 《멀티미디어 아티스트 라즐로 모홀리나기》, 디자인하우스, 2002.

이정선, 《새로운 편집디자인의 개척자 알렉세이 브로도비치》, 디자인하우스, 2000.

마이클 J. 겔브 / 공경희 역, 《레오나르도 다 빈치처럼 생각하기》, 대산출판사, 2003.

앤서니 라빈스 / 이우성 역, 《네 안에 잠든 거인을 깨워라》, 씨앗을뿌리는사람, 2002.

신현암, 《잉잉? 윈윈!》, 더난출판사, 2001.

김홍탁, 《광고, 대중문화의 제 1원소》, 나남출판, 2000.

에드워드 윌슨 / 최재천 · 장대익 공역, 《통섭》, 사이언스북스, 2005.

마에다건설 판타지 영업부, 《마징가 Z 지하기지를 건설하라》, 스튜디오본프리, 2005.

스티븐 코비, 《소중한 것을 먼저하라》, 김영사, 2002.

제임스 B. 트위첼 / 최기철 역, 《럭셔리 신드롬》, 미래의창, 2003.

제레미 리프킨 / 이희재 역, 《소유의 종말》, 민음사, 2001.

이용찬 · 신병철 저, 《삼성과 싸워 이기는 전략》, 살림출판사, 2004.

팻 맥라건 / 윤희기 역, 《바보들은 항상 결심만 한다》, 예문, 2002.

토마스 벌핀치 / 이윤기 편역, 《사랑의 신화》, 창해, 2002.

어니 젤린스키 / 박주영 역, 《모르고 사는 즐거움》, 중앙m&b, 1997.

브라이언 트레이시 저 / 홍성화 역, 《성취심리》, 씨앗을뿌리는사람, 2003.

커뮤니케이션아트, 《Communication Arts USA 1/2》, 2004.

박웅현 · 이상오 · 최창원, 《아트와 카피의 행복한 결혼》, 제일기획, 1994.

United Technologies Corporation / 신해진 역, 《카피, 카피, 카피》, 도서출판한겨레, 1997

Addison, 〈Challenge the limits〉, 삼성애뉴얼리포트, 1997.

www.wfp.org, 2005.

www.microsoft.com, 2005.

www.faber-castell.com, 2005.

www.docreate.com, 2004.

www.columbia.com, 2004.

www.voegol.com.br, 2006.

www.daum.net, 2005, 2006.

www.naver.com, 2005, 2006.

www.naver.com naver백과사전, 《두산세계대백과》, 2006.

www.naver.com naver지식in, pooh555, 〈시리즈의 시작과 끝, 스타워즈 에피소드 3〉, 2006.

www.adidas.com/kr, 2004, 2005.

www.msf.org, 2004.

www.acehardware.com, 2004.

www.johnniewalker.com, 2004.

www.openagency.com, 2004.

www.archives.go.kr, 2006.

다큐멘터리 차이나

고희영 지음

**여성 다큐작가의 섬세한 눈으로 클로즈업한
중국 서민들의 인사이드 스토리!
'세계의 공장'에서 'G2 국가'로 도약하기까지
중국인들의 눈물과 웃음을 담다!**

우리는 이웃나라 중국에 대해 얼마나 알고 있을
까? '문화대혁명', '세계의 공장', 'G2 국가' 등 파
편적 이미지로만 파악하고 있지 않은가? 《다큐멘
터리 차이나》는 이러한 피상적 이해에서 오는 오해
와 편견을 깨고 현대 중국의 진정한 모습을 발견할
수 있도록 도와준다. 〈그것이 알고 싶다〉와 〈뉴스
추적〉에서 메인작가로 활동했던 저자는 10년간 중
국에서 살며 인구의 99%를 차지하는 평범한 서민
들의 삶과 그 삶 속에 흐르는 꿈과 사랑 그리고 아
픔을 클로즈업한다.

크라운판 변형 | 304쪽 | 20,000원

산시, 석탄국수

서명수 지음

**중국 누들로드의 시작 산시(山西)
그 화려한 국수문화의 숨은 조력자 석탄(煤炭)
중국의 지난 백년을 알고 싶다면 상하이를,
천년을 알고 싶다면 베이징을 보라. 그러나 당신이
중국의 3천 년이 궁금하다면 산시를 보라!**

산시사람들이 즐겨하는 말처럼 중국 3천 년 역사
가 산시의 이야기와 궤를 같이한다. 국수, 석탄, 그
리고 산시사람. 이 책은 이 세 가지 키워드를 중심
으로 독자들에게 산시를 소개한다. 중국전문기자
인 저자가 직접 산시 곳곳을 누비며 취재한 이야기
들은 산시의 과거와 현재, 미래는 물론이고 정치와
경제, 역사와 평범한 산시사람의 일상까지 살아 움
직이듯 생생한 산시의 이야기들을 통해 독자들은
산시와 중국의 3천 년과 나아가 현재의 중국을 만
날 것이다.

신국판 | 226면 | 15,000원